JN410051

꿈꾸는 시인

국립중앙도서관 출판예정도서목록(CIP)

꿈꾸는 시인 / 지은이: 함동수. -- 대전 : 지혜 : 애지, 2017
p. ; cm. -- (지혜사랑 산문선 ; 007)

용인문화재단의 문예진흥기금을 지원받아 발간되었음
ISBN 979-11-5728-252-4 03810 : ₩12000

한국 현대 수필[韓國現代隨筆]

814.7-KDC6
895.745-DDC23 CIP2017024511

지혜사랑 산문선 007

꿈꾸는 시인

함동수

지혜

들어가며

여름도 되기 전에 올 가뭄은 극심하더니, 오늘 저녁에 비로소 천둥과 함께 소나기가 축비처럼 내린다.

등단 후 처음으로 산문집을 엮어낸다. 그간 시집을 내면서 산문이 만만치 않은 사색이 필요한 것을 새삼스레 느끼게 되는 귀중한 시간이 되었다.

땅도 사람도 모두가 갈증을 견디기 어려워 간절한 마음으로 하늘을 쳐다보았다. 그리고, 하늘은 무심하지 않았다.

땅이 하늘을 원망하지 않은 것처럼, 이 산문 한편이라도 여러 사람들에게 갈증을 해갈하는 샘물같은 의미를 지녔으면 좋겠다.

이번에도 지면관계로 할 말은 다하지 못한 것 같다. 향후를 기약하며, 부디 독자와의 생각이 다르더라도 유쾌한 마음으로 헤아려 주시기를 부탁드린다. 또한 지원을 아끼지 않은 용인문화재단 측에도 감사의 인사를 전한다.

부끄럽고 두려운 마음으로 글을 내보낸다.

이글을 읽으시는 여러분께도 축비가 내리길 기원한다.

2017년 8월

용인에서 함동수

1부 용인의 명지名地

2부 시 이야기

3부 일상이 천국이다

4부 시인을 찾다

1부

용인의 명지名地

1. 은이성지를 찾아서

용인이 지명 600년을 맞았다. 그간 긴 역사의 기록에는 수많은 수난과 영화가 꽃피는 시간이 있었다. 그중에 국난國難인 임진왜란, 병자호란도 있고, 동학농민전쟁과 한일합방도 있었다. 그나 이에 못지않은 세종대왕의 한글 창제와 이순신장군의 세계적인 해전海戰도 있었고, 신생 민주국가인 대한민국를 세우는 자유문화의 꽃도 피웠다.

용인은 예전부터 풍수風水가 좋다고 해서 생거진천生居鎭川 사거용인死居龍仁 이라는 소문으로 회자돼왔다. 그래서 국내의 유수한 인물들의 묘소가 용인에 그득하다. 용인 땅은 그들이 생전에 어떠한 일을 했든지 상관없이 말없이 그들을 품어 주었다. 은혜로운 땅이다.

그래서 용인은 택지宅地도 좋다는 소문도 있지만, 그보다 역사적으로 의미있는 성지聖地가 여러 곳에 있다. 그 중에 한국 최초의 사제 김대건 신부가 1821년 충청도 솔뫼에서 태어나 가족들과 1827년 박해를 피해 용인으로, 첫 이주한 곳이 이동면 묵리墨里(거문댕이골) 한터골閑德洞또는 광파리골이다. 즉, 컴컴하고 그늘진 추운 골짜기가 깊이 들어서 있고, 그 끝을 닿으면 하늘을 가릴 듯이 드높은 문수산文秀山이 가로막고 서있다. 결국 갈 곳이 없는 사지死地나 다름없는 곳이다. 그후 처음 도착했던 한터골을 떠나 거주지로 옮긴 곳이 산 너머 양지의 평창리 골배마실이며, 신부가 되어 첫 사제 부임지가 지금의 남곡리 골짜기에 있는 은이성지이다.

은이隱里라는 말 그대로 '숨겨진 동네', 또는 '숨어 있는 동네'라는 뜻으로 교우들이 숨어산 곳의 어둑한 지명地名이다. 용인 문수산 지역에서 박해를 견디며 지낸 교우

촌으로는 은이, 골배마실, 한터, 사리틔, 먹뱅이, 한덕골, 손골, 고초골, 용바위, 모래실 등이있다. 그곳은 모두 묵경墨景이다.

이 심상치 않은 용인의 순교지를 답사하면서, 김대건신부의 출현과 생사가 마무리된 것에 대해, 그리고 수많은 교우들의 순교殉教에 대해, 그리고 삶과 죽음이 공존하는 골짜기에서 그들이 끈질기게 지켜낸 종교의 신념에 대해, 박해迫害의 산 현장을 흘려버릴 수가 없었다. 또한 이곳은이골등과 양지. 죽산등이 동학농민전쟁東學農民戰爭시에도 피해가지 못하고 수많은 동학도들의 은둔과 처형의 현장으로 남아있으니, 그야말로 생사가 공존하는 비련의 땅이다. 과연 이곳에서 100여 년 전에 무슨 일이 있었는가.

그 일은 우리 역사의 중심을 어긋나버린 놀랍고도 처절한 암흑의 비밀이 있었다. 이는 천주교를 서학西學 또는 사학邪學이라고 부른 연유에서도 알 수 있듯이, '천주교는 군신君臣간의 상하 관계를 중시하는 조선의 지배 윤리인 유교 윤리를 근본적으로 부정하고 있다'는 이유와 반대파인 남인南人을 제거하려는 의도가 다분히 내포하고 있는 목적으로 무자비한 살육이 진행되었던 사실을 알았다. 이는 당시 열강列强들의 맹렬한 제국주의 체제를 표면화하면서 세력을 확장하는 시기와도 맞닿아 있다. 특히 교역을 요구하러온 배를 이양선異樣船이란 뜻으로 쓸 만큼 갇혀있던 조선은 대내외에서 개혁하라는 시대정신이 무뎌져 봉건사회의 틀을 깨지 못했다. 그런 한편 정치적 상황에 따라 그들과 이질적인 서학西學을 탄압도 했다가, 방치도 해오면서 망국의 골은 깊어져갔다. 그 결말은 온 나라를 비극의 구렁텅이 몰아넣는 집단 살육의 순교殉教로 이어졌다. 끝까지 배교背教를 거부한 수많은 백성들의 주검이 곳곳에 목 없이 묻혔다.

1.

묵리墨里란 마을

묵이라 읽고

먹으로 번져오는 광파리 깊은 골짜기
안개 어둑하다

성 안드레아*가 솔뫼에서
살자고 찾아든 한터골閑德洞엔 발붙일 곳이 없이
끝내, 산 자는 드물었다

골 깊어 무겁고 어둑한
그늘의 땅
명암이 공존하는 명계冥界의 땅
아직도 어둑하다

2.

입구부터 컴컴한 묵리의 거문댕이골, 한터골, 광파리골
유택幽宅이나 다름없는
이 곳 저 곳에
산 자들이 몰살당해

거꾸로 묻혔으니

극한의 시커먼 어두움으로부터

빛이다

하얀 길이다

ᄇᆞᆰᄀᆞᆷ 이다

온 산이 울긋불긋 단풍처럼 꽃 피는

순교자들의 공동묘지

삶과 죽음의 성지에서

하얀 빛이 나온다

3

김대건신부와 김제준,

김 시몬, 김 마리아와 교우들이 솔뫼를 떠나

음지로 그늘져 숨어 살기에 좋았으나

깊숙이 문수산 끝에 닿으면

산그늘 아래서 빛이 멈췄다

그 곳
갈 데 없는
유택이 되었다

4.

몸부림처럼
땅을 파고 흙을 빚어
옹기를 구웠다

거문댕이는
시커멓게 그을린 옹기 가마터
곳곳 흑산黑山*으로 나뒹굴던 곳

세월로 덮어도
덮어도 수백 년 간 씻기지 않을 죽음의 전설이

곳곳에 널려

시커멓게 번진 사지死地의 땅에

풀꽃처럼 피어난 요셉성당 하나

덜렁 골을 지킨다

* 성안드레아 : 김대건 신부 세례명.
* 흑산 : 김훈 소설집.

— **함동수, 「묵리墨里」 전문**

음산陰山인 이곳 주위에서 비밀리에 은둔한 채 교우들이 숨어 살았지만, 1840년대부터 사제는 물론 수많은 교우들의 순교가 이어졌다. 살고자 찾았지만, 곧 그곳은 죽음의 땅이었다. 그러나 그들의 죽음은 헛되지 않고 한국 기독교의 뿌리가 되었다. 명계冥界[1]란 이런 곳을 두고 하는 말이다. 죽음으로 지켜낸 그들의 종교적 신념이 곧, 이 땅에 융성한 기독교의 자리를 제공하는 기초가 되었으며, 목숨으로 지켜낸 숭고한 뜻이 활짝 개화開化되어 오늘의 한국교회가 된 것이다.

1) 불교 : 죽은 후에 간다는 영혼의 세계.

당시 김대건 신부가 순교했을 때에도 시신屍身을 당시 은이隱里를 중심으로 이루어진 사목관할 내에 살던, 먹뱅이(묵리)의 이민식(빈첸시오)과 몇몇 교우들이 서울에서부터 몰래 빼내 밤낮으로 이송하여, 그해 10월 26일에 안성 미리내에 안장하였다. 현재로 말하면 김대건 신부가 사목하던 본당 청년 신자들이 앞장서서 죽음을 무릅쓰고 모셔와 안장한 것이다.

그런 연유로 은이 성지에서 미리내 성지에 이르기까지 넘어야 할 세 고개를 신덕信德고개(은이 고개), 망덕望德고개 (해실이 고개), 애덕愛德고개(오두재 고개)라 이름 지어 부르며 김대건 신부를 기리고 있다.

또한 문수산 너머에 원삼면의 학일리學日里도 묵리墨里처럼 넓고 깊어, 학이 원삼면을 품은 듯한 모습이다. 이곳에도 역시 옛 공소가 아직 남아 있다. 따라서, 이곳 묵리墨里를 비롯한 문수산 및 삼봉산 일대 전체가 한국 천주교의 성지이자 순교지이다.

더구나 묵리, 은이를 비롯한 문수산文秀山 일대가 김대건 신부가 소년시절을 보내고, 사제司祭의 공부를 하러 떠나고 돌아와, 이곳에서 첫 부임하여 사제로서 지내다 순교하게 된 곳이며, 그의 묘지가 지금은 안성시가 된 미리내 성지에 있다. 이곳 미리내 성지에도 빈자貧者들이 살며, 복음을 전해 받고, 전하고 그렇게 고난을 이기며 살다 순교한 성지聖地이다. 이렇게 생각하니, 이곳들의 지명유래가 심상치 않다. 기독교의 성지가 된 음지의 이곳에 제일 높고 깊은 골을 가로막고 있는 산이 하필 불교에서 구분하는 '지혜의 문수'산文秀山인가. 처절한 죽음과 삶의 희망이 한곳에서 발원하는 것이 아닌가

그뿐인가. 문수산 밑 서쪽으로는 수도 서울의 젖줄인 한강 시초始初인 경안천 발원지發源地가 시작되는 성스러운 곳이다. 이곳으로부터 대한민국의 행정수도인 서울 시민에게 생명수를 공급하는 실제 '여량餘糧'의 시발점이다. 또한 묵리墨里에도 용덕저수지가 있고, 학일리學日里에도 학일1호 저수지가 있다. 깊고 높은 문수산맥을 이루

고 있는 주위에는, 어느 곳을 가나 수량水量이 풍부한 저수지와 물의 발원지가 있다는 점이 또한, 예사롭지 않다.

독일어 '샤텐Schatten'은 한자로 영影이라 표현한다. 그늘이라는 뜻으로 음陰(그늘) 또는 음蔭(응달)이라는 단어도 있다. 융이 말하는 샤텐의 개념은 대체로 '그림자'에 가깝다. 그런데 '영影'은 어떤 형체의 그림자뿐 아니라 거울이나 물에 비친 영상影像, 초상肖像, 가상假相, 허깨비 등 다양한 뜻을 갖고 있다. 우리나라 무영지無影池의 그림자는 물에 비친 탑의 영상을 가리킨다. 그림자영影이 '그림자'이면서 동시에 가상假相이라는 뜻인 점에서 그림자 영影자를 조상의 넋이나 죽은 자의 모습으로 표현하는 까닭을 짐작할 수 있다. 일본어 '가게影' 라는 말에는 빛, 그늘, 모습, 다른 사람의 은혜라는 뜻으로 쓰는 점도 예사롭지 않다.

이런 점으로 미루어, 제천 봉양에 있는 주론산舟論山 밑에도 배론성지舟論聖地가 있는 것처럼, 원주 문막 미륵산 밑에 가면 부론면富論面이 있다. 論은 풍요로운 생명수 물을 의미한다. 그러니 물은 생명의 시발이며, 영상影像이

드리운 그늘이란 뜻이고 음산陰山이니 영지靈地란 뜻이다. 이런 의미를 생각하니, 물이 풍족한 땅은 생명의 땅이며, 그 성스런 곳으로부터 문명이 발원한다는 역사의 사례가 새로운 의미와 무게로 다가온다.

용인은 또한 그냥 중부가 아니라, 생명이 시작하고 문명의 중심이 될 수 있는 중조선의 중앙 한가운데 위치해 있다. 그렇다면 우리도 묵리의 문수산文秀山에서부터 발원하는 생명의 진한 기운을 중심으로 우리민족의 대전환을 이루는 역사를 창조할 시기가 온 것이라 생각해본다. 우리와 이웃하고 있는 이천, 여주등지에 시천주侍天主 개벽開闢사상을 주장하던 해월 최시형海月 崔時亨 선생이 활동하던 양평, 여주, 이천 원주 ,문막 등지가 어떤 연유로 모두 달려들어 각축을 벌이는가 그것은 아마도 한반도 중심 중조선의 중심부이기 때문이 아닐까

여지껏 우리가 모르고 지냈던 생명의 출발 근원지인 문수산 아래와 묵리墨里를 비롯한 숱한 성지가 곁에서 잠자고 있었다. 예사롭지 않은 명산과 호수로 수량水量이 풍

성한 조건을 갖춘 천혜의 성지가 무관심 속에 있다. 그렇다면, 또 한가지 의문이 가는 것은 김대건의 가족은 여러 곳을 두고 하필이면 박해를 피해 이 험한 한터골閑攄로 왔는가하는 점이다.

모든 의문을 찾아서 시간이 지나며 음미해 볼수록 심상치 않다. 과연 그가 전하려던 최종적인 메타포는 무엇이었을까. 무엇 때문에 이 서늘하고 그늘진 곳이 어떤 곳이기에 목숨을 들고 찾아드는가, 하는 의문이다. 지금껏 아무도 이에 관심이 없던 곳을 근래 곳곳에서 관심이 높아지는 이유를 우리는 이제 잊혀진 한 종교의 순교지로만 인식할 것이 아니라, 문명 발원의 근원에서 찾아야 할 것이다. 따라서 용인에 서려있는 설화說話처럼 전해오는 무거운 역사에 대하여, 깊은 혜안으로 음미하고 살펴서, 바야흐로 한민족의 눈부신 르네상스의 진원지로 새롭게 발진할 곳이라고 생각하는 것이다.

2. 불가사의不可思議 의 정복

한국 7대 불가사의不可思議중의 하나인 다뉴세문경多鈕細文鏡은 교과서에서나 들어본 전설같은 청동기 유물이다. 다뉴多鈕란, 끈으로 묶을 수 있는 고리가 여러 개 달려 있어 다뉴多鈕라 하고, 잔무늬를 뜻하는 세문細文에, 그렇게 청동거울 경鏡의 이름이 다뉴세문경多鈕細文鏡이 되었다. 이 다뉴세문경 표면의 잔무늬 높이가 0.007밀리미터이고, 폭은 0.05밀리미터라니 확대경을 대고 보아야할 정도로 세밀한 무늬를 새긴 유물이다. 더욱이 놀란 것은 1만 3천개가 넘는 정교한 선線이 0.3mm 간격으로 그려져, 현대 슈퍼컴퓨터super computer로도 재현이 불가능 한 것으로 알려져 있다.

이처럼 뛰어난 청동 주조물은 세계 어디에서도 찾아볼 수 없다는데, 2천 여 년 전, 이 땅의 고대인들은 어떻게 그리도 정교한 선線을 새겨 넣을 수 있었던 걸까. 그래서 불가사의不可思議한 일이라고 하는 것이다.

그런데, 청동기 시대가 없었다던 한반도에서, 1960년대. 충남 논산 육군 훈련소의 한 곳에 참호를 파던 중 땅 속에 수천 년 전, 묻혀 고대의 신비를 간직한 기이奇異하고 불가사의한 유물이 드디어 세상에 모습을 드러낸다.

지름 225mm 원형 청동 유물 한 면은 거울이었고, 한 면엔 수많은 직선을 이어서 그려진 삼각 문양과 백 여 개의 동심원, 원 안에 새겨진 수많은 무늬는 확대경을 대고 보아야 할 정도로 세밀한 무늬였다. 한 치의 오차도 없이 정밀하게 새겨 넣은 이 기하학적인 규칙성은 그 어디서도 보지 못한 화려한 청동銅유물이었다. 그러나 대체 이 유물은 어디에 쓰이던 물건이며, 어떻게 만들어진 걸까. 찬란한 청동기 시대의 유물이 우리 한반도에서 발굴되고 존재한다는 의미는 어떤 의미일까. 후세後世들은 이것이 궁금하지 않을 수 없다.

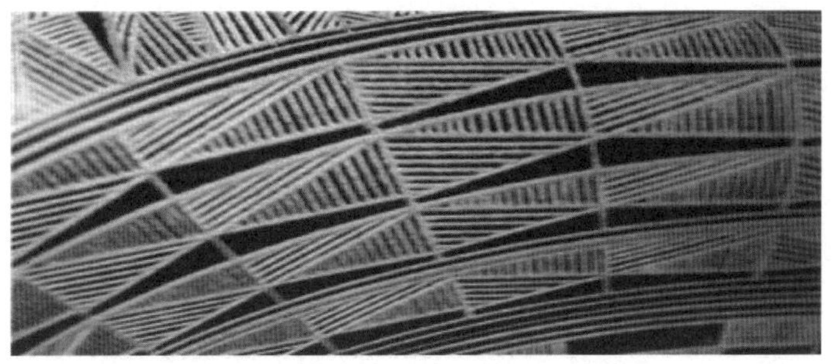

다뉴세문경의 미세한 무늬들

또한 1971년 전라남도 화순 대곡리 발굴현장에서 청동기 시대의 유물이 출토되었는데, 적석목관묘積石木棺墓안에 다양한 청동 주조물들이 들어 있었고, 청동으로 만든 검과 청동기시대의 의식용 기구인 청동방울들, 그리고 원형의 청동 주물鑄物등이 모습을 드러냈다. 그 원형 주물은 바로 청동기 시대의 거울이었다. 10여 년 전 논산에서 발굴된 원형유물과 유사한 형태는 거울에 새겨진 무늬는 차이만 있을 뿐, 두 유물의 모습은 거의 동일했다.

그후 논산 훈련소에서 출토된 가장 크고, 가장 정교한 무늬가 새겨진 청동거울은 10여년 만에 국보141호로 지정됐다. 그러나 이 미스터리한 유물에 대한 정체가 밝혀지게 되어, 한반도의 찬란한 청동기문화의 실재에 대해 대. 내외 모두가 놀랐다. 바야흐로 2500~3000년 전에 이런 청동거울을 만든 기술이 우리 고조선古朝鮮에서 제작되고 그 증거가 발굴된 것이다. 이처럼 고조선의 나노기술이 낳은 눈부신 우리의 찬란한 청동기 유물들의 존재가 증명된 것이다.

그런데 우리에게 청동기시대 유물에 대한 의미가 왜 중요한가 보통 역사를 구분할 때 구석기 - 신석기 - 청동기 - 철기로 구분한다. 구석기와 신석기의 변화에서 주목할 것은 '가공'이다. 돌을 갈아 정교한 가공을 하는 마제석기磨製石器를 말하는 것이다. 그 석기시대를 마감하고 강력한 무기가 탄생하는 청동기 문화는 그야 말로 눈부신 미래를 제시하는 것이었다.

한때 한반도에는 청동기시대青銅器時代는 없었고, 석기시

대石器時代로부터 금석병용기金石竝用期를 거쳐 초기 철기鐵器시대로 접어들었다는 주장이 일제日帝 강점기시대에 있었다. 그 이유는 누구의 짓인지 찾아보지 않아도 다 안다.

그러나 8 · 15해방 이후 왕성한 발굴조사와 연구성과로 청동기문화의 존재가 확인되었다. 더욱이 그러한 증거로 1965년 용인시 처인구 초부리에서 청동검을 만드는 활석 거푸집이 출토되었는데, 이 또한 청동기문화에 대한 중요한 증거인 제작처製作處가 또 한군데 발굴 된 것이다. 이것이야말로 일본의 문화 말살정책에 따른 한반도 청동기시대 부재不在설을 일시에 뒤집는 확실한 증거가 나온 것이다. 이곳 용인은 한강 상류을 중심으로 고인돌도 상당수 발견되었던 바, 상당한 부족국가가 존재하였고 그들이 청동기 문화를 이룰 만큼 발전된 집단체제인 국가를 이루었다는 증거이기도 하다.

따라서, 한반도의 르네상스시대인 고구려의 장대한 중국 대륙정벌이 단순하게 저절로 이뤄진 것이 아니었으며, 그 위대한 정벌에는 이처럼 다양한 청동기 무기로 무장된 철마병들이 존재했음을 역증逆證한 것이다. 또한 그 증거가 구체적으로 발굴 된 곳 중에 하나가 한반도의 중심인 용인龍仁이라는 지역특성에도 상당한 의미를 부여한다.

그러나 이러한 우리의 찬란한 청동기 유물에 대해서는 발굴외에는 다시 볼 수 있는 재현再現기술에 대해서, 여러 곳에서 수없이 실험에 나섰으나, 어느 누구도 불가사의不可思議에는 쉽게 오를 수가 없었다. 과연 다뉴세문경多鈕細文鏡의 재현은 불가능한 것인가?

여전히 지금도 고고학이나 사학계에선 재현再現에 대해선 인정하지 않고 있다. 그 한 예로 2015년쯤 용인시청에 와서 시민강연을 한 숭실대 이덕일교수도 같은 얘기로 다뉴세문경多鈕細文鏡 재현은 불가하다고 못을 박았다. 그래서 강연후 사석에서 용인에 사는 이완규주성장이 재현에 성공하고 발표한지도 몇 년 됐다고 알려 주었는데, 흔쾌히 인정하지 않았다.

이렇듯 고고학이나 사학계에서도 이를 인정하지 않으려는 분위기는 이완규 선생을 만나면서 이해가 되었다. 한마디로 '그 엄청난 고조선의 찬란한 문화를 일개 주성장이 뭘 알아서 재현 했다는거냐' 고 무시하는 처사였다. 참으로 난감한 사태가 아닐 수 없다. 이 일이 개인을 넘어선 엄청난 국가대사인데, 그 전문가들의 의견이 이렇듯 냉담한 이유를 이해하기 어려웠다.

혹시 그들은 불가사의不可思議 재현을 인정하기엔 자존심 상하고, 무시하자니 증거가 있고 그래서, 얼버무리거나 모른 체하는 것은 아닌지, 그들이 그런다고 우리 찬란한 청동기 문화가 소멸되는 것도 아니며, 재현에 성공한 이완규주성장의 재현사실이 묻히는 것도 아니다. 상기와 같이 질투심이나 열등감에서 비롯된 현실 부정이라면, 그들도 한국의 고고학계를 이끄는 주축으로서도 미흡하고 열등한 자세이다.

이완규 주성장의 다뉴세문경 무늬 새기기

그래서 다뉴세문경多鈕細文鏡은 이제껏 중. 고교 교과서에나 실리는 정도였다. 어느 누구도 도전은 엄두도 못 낼 불가사의不可思議한 분야로 고고학을 비롯한 사학계에서 경외 대상이었다. 이 유물은 재현할 수 없는 찬란한 우리 청동기 문화라고 자랑스레 설명을 하며, 사진으로만 보여 줄 수밖에 없는 전설같은 청동기 시대의 대표적 유물이라고만 제시할 수밖에 없었다.

그러나 그런 신비의 다뉴세문경多鈕細文鏡을 비롯한 다수의 청동기 유물 재현에 전 생애를 바쳐가며, 성공한 이가 바로 용인시 처인구 모현면 동림리 307번지에 장인아트를 설립하여, 청동기유물을 연구중인 주성장鑄成匠이완규선생(무형문화재 주성장 제 47호)이다.

이완규선생은 일찍이 1970년부터 이 험난한 길을 걸어왔다. 그로부터 줄 곳 연구와 실패를 거듭하여 그 비밀을 하나씩 풀어 나가는 기나긴 고난을 겪었다. 드디어 수많은 세월과 실패 끝에 다뉴세문경多鈕細文鏡은 물론 청동검인 비파형동검琵琶形銅劍과 세형동검細形銅劍, 그리고 간두령 팔두령등 여러 청동유물을 재현하고, 2007년 드디어 다뉴세문경으로 대한민국 전승공예대전에서 국무총리 상을 받았다. 컴퓨터를 동원해도 완성하기 어렵다는 세문경細文鏡은 순전히 그의 피나는 노력으로 이루어낸 거대한 미메시스mimesis의 성과였다.

그러나 그 성과 뒤에는 이제껏 풀지 못했던 수많은 수수께끼를 풀어내는 과정이 더욱 신기할 따름이다. 우선 세문細文 물론이고 거푸집의 재질과 또한, 거푸집에서 청동기물을 분리해내는 과정에 비밀이 있었다. 이완규선생은 그간 흙이나 모래와 밀랍등으로 거푸집을 만들었다는 추측과 일설의 한계를 한순간에 넘어 버렸다.

그간 그가 다뉴세문경多鈕細文鏡을 재현한 과정을 보면, 우선 활석에 여러 치구治具를 사용하는 기법인데, 즉 재현품의 활석 원형 크기에 맞게 치구 톱니로 판을 돌려 동심원을 그린다. 이후 작은 원 안에 만개가 넘는 선과 백여 개의 동심원을 새겨 넣는 어려운 작업을 여러날 거쳐 정성을 다한다. 그러나 아직도 경이로운 것은 고조선시대에 확대경이나 초정밀 제도 기구 없던 시대에 상상, 그 이상의 치밀한 규칙성을 계산하여 작업한 문양제작 과정은 경이로움 그 자체다. 그 방식 그대로 작지만 더없이 섬세한 다뉴세문경多鈕細文鏡에는 당대 최고의 청동기술이 담겨 있었다.

그러나 이를 재현한 이완규선생은 그 어렵게 만든 활석판은 동판을 한번 뜨고 나면, 두 번째 부터는 그 아름다운 선과 각이 문드러져 제 모양이 나오지 않는 것을 알았다. 그것은 수많은 실패 끝에 중국 박물관에서 그들의 문화재 거푸집을 접하는 길에 발굴된 발굴 거푸집에서 관솔 그을음이라는 유연油煙인 송연松烟을 미리 뿌려 놓는 비밀을 찾아냄으로서 해결하였다. 또한 용인 처인구 모현면 초부리에서 발굴된 활석에서도 유연이 확인되었다. 이와같이 신비로만 추측하던 청동검이나 다뉴세문경多鈕細文鏡의 핵심기술은 활석 거푸집과 그 외, 활석 내부의 주물 분리를 가능케 하는 비법이 있었다.

또한 청동기인들은 구리와 주석의 혼합 비율을 잘 조절해야 강도 높고 빛의 반사율이 좋은 거울이 탄생할 수 있다는 것도 이미 알고 있었다. 그 어디서도 볼 수 없었던 거울의 탄생이 기원전 4세기에 제작됐다는 것은 한반도에 동아시아 최고 수준의 정밀 기술이 존재했음을 보여주는 증거이다. 이완규주성장에 따르면 이 청동거울은 전쟁에서 신호용으로 쓰는 물건으로 추정된다고 한다.『한국의 문화유산 청동기 비밀을 풀다』—이완규 저

전쟁에서 신호용으로 유추되는 청동거울에 대해 그토록 세밀한 첨단의 문양을 새긴 이유는 무엇일까? 청동거울이 발굴된 숫자로 볼 때 한두 개 만든 것이 아니라고 생각하면 더 궁금해지지만, 그렇지만 당시의 높은 기술력이 통상적으로 가능했다면 대량생산에 대한 의문도 풀린다.

또한 이완규선생의『한국의 문화유산 청동기 비밀을 풀다』서문에서 청동유물은 채광기술과 합금기술, 주조기술, 문양조각 등 어느 하나라도 빠지거나 모자라면 다뉴세문경多鈕細文鏡을 만들 수 없다는 것이다. 당시 청동 유물 제작은 최고의 하이테크이며 최고 기술의 승리였다. 조선 검은 당시 최고의 무기였고, 다뉴세문경多鈕細文鏡은 제작기법이 뛰어나 최근까지도 그 비법을 알지 못하였을 정도로 신비함을 지닌 우리의 문화재다. 그러나 옛 장인

들이 훌륭한 기술을 가졌더라도 기록을 남기지 못해, 빛나는 문화유산인 청동기 유물의 재현과정을 알지 못하고 추측만 할 뿐이었다. 또한 이렇게 합금으로 주조한 청동검등은 잘 마무리해서, 90센티 길이의 쌍골죽 속으로 명주실을 여러겹 꼬아서 넣고 죽통 끝에 단단히 칼날을 고정시키면 비파형동검琵琶形銅劍이나 세형동검細形銅劍완성된다. 명주실은 텐션으로 쥔 손에 진동을 줄인다.

동림리 그의 작업장 사무실을 찾았을 때도, 일목정연하게 전시한 청동기 재현품들을 볼 수 있었다. 또한 그 청동 재현품들에 대해 일일이 설명을 듣고나니, 청동기 문화의 실체를 어렴풋이나마 찾을 수 있었다.

대륙 정복에 나선 고구려의 병사들이 튼튼한 명마名馬에 온갖 청동방울과 방검판防劍板을 달고, 비파형동검이나 창을 치켜든 채 천지를 진동하며 달려 나가는 모습은 상상만해도 위압적이다.

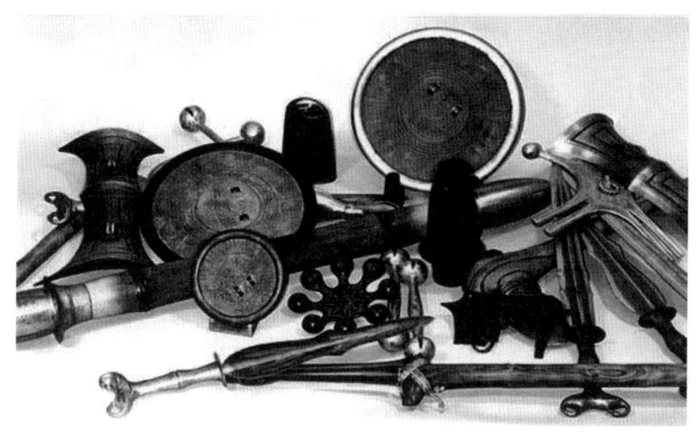

이완규 주성장의 청동기 재현품들

그리고 청동검으로 실제 짚단을 베는 실험해보니, 독특하게 중간이 튀어나온 칼 모양도 베기에 유리한 이유가 있었고, 베는 순간 칼날이 명주실에 팽팽히 당기면서 탄력을 받아 손 감각에도 별 무리없이 어느 물체건 순식간에 베어졌다. 정말 무서운 살상 무기였다.

그렇다면 이렇게 어려운 과정을 거쳐 불가사의하다는 우리의 찬란한 청동기 문화유산을 재현하여 증명을 해온 이완규선생에 대해서, 고고학이나 사학계에서는 어떤 반응을 보일까 그들의 반응은 기술과 기능의 차이라고 무시해 버렸다. 7대 불가사의로 알려진 다뉴세문경多鈕細文鏡을 완벽히 재현해서 국무총리 상까지 받았어도, 학자들은 "일개 기능인 주제"라고 무시하며 "현대기법으로 만들고선 전통방식으로 재현했다고 속인거다"고 이완규 주성장을 몰아 세웠단다. 그래서 "당신들이 써놓은 논문대로 만들어 보았지만, 만들 수 없었다"고 문제를 제기해도 " 네 깐 놈이 뭘 아느냐"며 무시하기도 했단다.

40여 년간 청동기술 개발에만 매달려온 이완규 주성장은 온갖 전문서적이나 논문을 찾아 읽어봤지만, 이를 재현할 때 진정 참고할 만한 기술은 볼 수 없었다. 그때 옛 장인들이 글을 몰라서 그 귀한 기술을 전수하지 못한, 이 무지無知한 일을 다시는 되풀이 하지 않도록 평생의 역작力作『한국의 문화유산 청동기 비밀을 풀다』를 펴냈다고 한다.

이론으로만 설명될 뿐, 한 번도 만들어 보지도 않고 일방적으로 추정해버리는 고고학계 학자들의 오류에 대해, 글도 모르는 기술자 주제에 무슨 책을 내느냐고 비아냥

거리던 그 학자들을 향해, 정면으로 실제를 바탕으로 한 40년 연구 기술서를 남긴 이완규 주성장의 노력과 혜안은 높이 평가해야 할 것이다. 그가 남긴 청동기문화의 재현이 곧 한반도 고조선의 청동기문화의 확실한 증거이기 때문이다. 또한 이 용인 곳곳에 거석문화시대, 또는 청동기시대라고 부르는 고인돌이 다수 남아 있어서 청동기 문화를 뒷받침하고 있는 것도 의미있는 일이다.

이완규 주성장의 저서『한국의 문화유산 청동기 비밀을 풀다』

이런 이완규 주성장을 보면서, 어느 한 분야에서 줄기차게 40년을 줄기차게

매진하여 청동기문화재현 연구에만 집중해온 이완규 주성장의 청동유물의 성공은 우리 고고학의 쾌거이며, 한반도 청동기문화의 존재에 대한 자존심을 회복한 일이라 생각한다.

3. 처인성에 가서

용인에 여러 문화유적지가 있지만 주목할 만한 곳이라면, 양지의 은이隱里성지와 이동면 아곡리의 처인성處仁城이 아닐까 생각한다. 은이성지는 잠자는 조선에 대해 깨어나라고 울리는 경종이었고, 처인성은 고려 1232년 12월, 무적 철갑강병無敵 鐵甲强兵 몽골군을 용인의 처인성 부곡민이 수장 살리타를 척살하여, 침략군을 물리친 승전지다. 은이隱里성지는 조선시대 서학의 순교지지만, 처인성處仁城은 오래전 고려시대 780년 전의 승전지다. 중요한 것은 우리나라 문화재 중엔 이 같은 항전지나 패전지는 많아도 승전지는 그리 많지 않다는 점이다. 그래서 이 두 곳은 모두 그 무게로 생각하면 용인은 물론, 우리나라의 주목하는 명지名地라고 생각하는 것이다.

그런 점에서 국난극복國難克服의 처인성이 그나마 현재 모습으로 현존하고 있다는 사실만으로도, 우리의 훌륭한 문화유적지로서 가치가 높다고 할 수 있다. 처인성은 오래된 고려의 역사이지만, 몽골에 침략을 당하고 매년 수많은 공물貢物을 받쳐야했던 굴욕을 한꺼번에 씻어 내버린 자랑스러운 역사의 현장이다. 나는 용인에 오는 타지 문인들에게 이 두 곳을 대표적으로 자주 소개하곤 하는데, 그들 역시 고개를 끄덕이는 곳이다.

처인성 전투를 전후한 당시 상황이 고려의 안보 현실을 보여준 대표적 사례이다. 몽골의 침략 근거는 사신使臣 저고여著古與가 고려에 와서 일을 마치고, 이듬해인 1225년 귀국하던 중, 압록강 건너에서 도적에게 피살되었다. 이를 핑계로 몽골 10만의 대군을 이끌고 제2차 침공을 감행하여, 이미 고려조정이 강화로 파천播遷한 것을 힐문하는 한편, 고종의 출륙出陸을 요구하며 선봉부대는 파죽지세로 경상도까지 치고 내려가 약탈과 방화 · 인명 살상 등의 야만적 만행을 저질렀다.

팔공산 부인사에 소장되어 있던 팔만대장경八萬大藏經이 소실된 것도 이때의 일이다. 이러한 나라의 운명이 백척간두百尺竿頭에서 처인성의 김윤후승장을 비롯한 처인 부곡민들의 빛나는 승전으로, 모든 몽골군이 철수하는 종전의 역사를 이루었다. 이러한 사실이 우리 역사에서 몇 안되는 승전의 역사중에 하나이다. 수많은 국난사國難史중에서 이 같은 쾌거는 드물다.

그러한 사실에 비추어 그간 농경지로 남아 있는 처인성 주변에 대해, 수없이 관계부서에 처인성 승전관이나 역사 교육관 설립등을 건의한바 있으나, 이제야 일부 부지를 매입하는 등, 정비에 나서고 있다. 우리 역사의 중요 승전지가 잠자고 있는데, 그 승전지에 대한 역사 인식조차 부족한 것에 대해 매우 유감이다.

용인 처인구 남사면 아곡리 산 43번지
야트막한 토성에 오르니
결사 항몽으로 굴기屈起한 조상들의 푸른 혼이
숲속 곳곳에 스미고 넘쳐흘러 오싹하다

800년을 지나 문드러진 야트막한 토성을 방패로
천리강토를 파죽지세로 짓밟아 내려온 몽고의 철마鐵馬를
단 한발의 화살로 제압했다는 처인 부곡민처럼
허름하고 나직한 둔덕이 아리다

빗물에 씻겨 반쯤 기울어 지친 야산
엉성한 통나무로 둘러 친 나직한 토성을
철마는 끝내 오르지 못하고 주저앉았다는
처인성의 전설

백여 년 간 조공 바치던 굴욕도 모자라
고려 강토를 짓밟으며 또 다시 침입한 몽고 철마들이
수장首長의 주검을 들고 조용히 머리 숙이며

물러났다는 야산의 전설을 들으니

돌 하나
풀 한포기
나무 한그루
나직한 토성까지도
자랑스럽고 소중하기 그지없구나

— **함동수, 「처인성에 가서」 전문**

이처럼 험난했던 우리 조상들의 눈물겨운 투쟁 승전지는 다행스럽게도 아직도 우리 곁에 있다. 그 처인성處仁城 자체만으로도, 우리는 징비록으로 느껴야 한다. 그러나, 우리들은 위대한 처인성處仁城을 보이는 그 풍경 그대로, 그저 나직한 둔덕 정도로만 투시하고 있는 것은 아닌지.

'결사 항몽으로 굴기屈起한' 처인성의 피맺힌 항몽지는 '800년을 지나 문드러진' '허름하고 나직한 둔덕이'아니라, 그 둔덕이 전하는 메시지를 알아차려야 한다. 보이는 것만이 처인성의 전부는 아니다. 그 나직한 언덕은 피안彼

岸보다도 묵직한 은유隱喩를 우리에게 보내고 있다.

> 백여 년 간 조공 바치던 굴욕도 모자라
> 고려 강토를 짓밟으며 또 다시 침입한 몽고 철마들이
> 수장首長의 주검을 들고 조용히 머리 숙이며
> 물러났다는 야산野山의 전설을 들으니

이처럼 치욕의 몽고전에서 마지막 결어結語는 '수장首長의 주검을 들고 조용히 머리 숙이며 물러났다는' 이야기는 이곳을 다녀간 답사 객이라면 모두가 감동할 스토리다. 승장 김윤후의 승전으로 인해 몽고군의 철수는 물론, 그간의 치욕스런 공물貢物 상납의 고리를 끊었다는 점이 제일 속이 후련하다.

더구나 당시 전투에 참가한 사람들은 불가촉천민不可觸賤民들이었다. 그야말로 손닿기가 꺼려지는 최하 천민이란 뜻이다. 그러나 지금의 해석처럼 그들이 불결하다는 뜻이 아니라, 당시의 규정된 신분상 최하층계급의 사람들이라는 뜻이다.

이런 최하층의 사람들이 국가 안위를 위해 최강 철마鐵馬앞에 나섰다. 그들은 이일이 있기 전에는 사람도 아니었다. 이처럼 언제나 끝까지 나라를 지키는 사람은 어디에도 갈 때 없는 천민賤民같은 백성이다. 그런 그들이 생사를 걸고 강군强軍과 싸워 이긴 것이야말로, 충무공 이순신장군의 한산대첩에 버금가는 승전이라고 생각한다. 지나간 가슴 아픈 역사의 현장을 가까이에서 보면서, 때때로 자랑스럽고 때로는 가슴이 저민다. 이 역사의 현장을 보면서 앞으로도 이러한 일이 없으리란 보장이 있겠는가. 그런 의미로 나도 그들처럼 자랑스런 불가촉천민不可觸賤民이 되고 싶다는 생각을 한다.

4. 김수영의 시와 그림자

우리 시단에 우뚝 선 문단의 거목 김수영시인의 체취가 용인에서 발견된 것은 지난 2012년 2월 용인 지역신문사에서 발굴 취재한 '시에 몸을 내던졌던 내 남편 김수영'이 보도되면서, 용인시 마북동에 김현경 여사가 기거하고 있는 사실이 알려지고 나서부터다. 그 후 여러 수차례 드나들면서, 긴 시간동안 김수영시인에 대해 많은 이야기를 들었다. 때로는 소소한 부부에 대한 이야기부터 시작 과정등에 대한 비하인 스토리에 까지도 거침없이 들려주었다.

김현경 여사는 1927년 9월 14일(음 5.15)에 서울 사직동에서 태어났으며, 덕수초등학교(4년은 경성여자보통학교)를 나와 진명여고와 이화여대에서 공부했다. 그 후 김수영 시인과 1949년에 결혼했으며, 김수영 시인이 작고한 1968년 이후, 수많은 김수영시인의 유품들을 관리 보관해 왔으나, 일부는 2015년 서울 도봉구청에서 마련한 김수영 문학관에 기증하고 나머지 원고와 사용하던 집기류및 책, 그리고 평소 관심이던 여러 미술작품들이 전시돼 있다. 또한 요즘은 문학인들의 사랑방인양, 김여사의 아파트엔 많은 문인들이 들락거려도 손수 밥과 국을 끓이며 식객들을 정성으로 대접한다.

김여사와 만나 대담을 나누면서 느끼는 것은, 문학에 대해 해박한 지식과 비상한 기억력으로 원고 작성일까지도 정확히 기억한다는 사실이다. 그것은 김 시인이 초고를 완성하면 꼭 김 여사를 불러서 2장을 더 정서正書시키고, 한 장은 출판사에 내고 한 장은 보관했던 일 때문이었다.

김수영시인의 대표작이라 할 수 있는「풀」은 김수영 시인이 6월 16일 사망 전 마지막으로 남긴 시(『창작과 비평』 1968년 가을호 발간)이다. 유신체제에 반정부 시위가 절정일 때 지어진 유고시인데, 시단에서 해석하는 바람과 풀의 관계는 권력과 민중의 병치로 해석하고 있는 부분을 대체로 풀의 끈질긴 생명력으로 이해한다. 끝 연에서 발목과 발밑까지 풀이 일어나고 웃는 모습에서 결코, 스러지지 않는 민중의 저항성을 의미론적으로 서술코자 했다.

풀이 눕는다
비를 몰아오는 동풍에 나부껴
풀은 눕고
드디어 울었다
날이 흐려서 더 울다가
다시 누웠다

풀이 눕는다

바람보다도 더 빨리 눕는다
바람보다 더 빨리 울고
바람보다 먼저 일어난다

날이 흐리고 풀이 눕는다
발목까지
발밑까지 눕는다
바람보다 늦게 누워도
바람보다 먼저 일어나고
바람보다 늦게 울어도
바람보다 먼저 웃는다
날이 흐리고 풀뿌리가 눕는다.

— **김수영, 「풀」 전문 (1968. 5. 29)**

이 시가 쓰여질 당시의 시국은 3선 개헌 추진으로 전국이 연일 시위가 번지고 학생들이 투옥되는 등, 권력이 국민의 강력한 저항을 받으며 개헌을 추진하는 어수선하고 폭압적인 분위기였다. 그러나 이 시의 발표는 김 시인이 사후에 유고작으로 『창작과 비평』 1969년 여름호에 다른 시 5편과 함께 발표되었다. 따라서 「풀」의 바람은 권력, 풀은 민중이라는 시각으로 이해하고, 김수영 시인도 그러한 의도와 다르지 않다는 의견을 주었다 한다. 우리가 지키고자 했던 소중한 가치가 지금은 독재에 쓰러지지만, 그러나 결코 쓰러질 수 없으며 분명히 일어난다는 민주, 자유 회복에 대한 투쟁의식을 담고 있다.

그러나 풀에 대해 분석을 해보면 각운이 살아 있다는 것이다. 각운 'ㄴ다'의 반복 효과를 살려 내어 풀이 무시무종無始無終의 존재에서 자율성을 획득하여 곧 능동적인 정체성을 찾아 온몸으로 대응해 가는 존재로 발전한다. 그러므로 종연에서 '풀뿌리가 눕는다'는 가시적인 영역에서 불가시적인 영역으로 까지 끌고 와 온몸으로 전력하는 의미를 의식하고 전개하는 잠언적인 수사라는 의견이 단단하다. 따라서 '풀'이 고통받는 민중이라는 식의 뻔한 알레고리를 벗어나게 하는 점이 이 시를 끝까지 성공시킨 점이라고 오봉식의 주장에 동의한다.

또한 김수영 시에서 유독 눈에 띄는 작품이 「김일성 만세」라는 작품이다.

'김일성만세'

한국의 언론자유의 출발은 이것을
인정하는 데 있는데

이것만 인정하면 되는데

이것을 인정하지 않는 것이 한국
언론의 자유라고 조지훈趙芝薰이란
시인이 우겨대니

나는 잠이 올 수밖에

'김일성만세'
한국의 언론 자유의 출발은 이것을
인정하는 데 있는데

이것만 인정하면 되는데

이것을 인정하지 않는 것이 한국
정치의 자유라고 장면張勉이란
관리가 우겨대니

나는 잠이 깰 수밖에
— 김수영, 「김일성 만세」 전문 –1960.10.6.

이 시는 그 때나 지금이나 현 체제에서는 불온하기 그지없다. 주적의 우두머리를 칭송하는 시어들로 씌여졌으니, 온전할 리가 없다. 당시 몇 군데를 발표하고자 찾아갔으나, 각 출판사나 신문사에서는 망한다고 벌벌 떨면서 되돌려 보냈다. 그래서, 또 제목을 '잠꼬대'로 고쳤으나, 그 시의 각 행行에 들어가 있는 '김일성 만세'라는 시어詩語는 고칠 수가 없었으니 싣기 어렵기는 마찬가지였다. 다른 출판사 등에서도 역시 못 싣겠다고 거부당했다.

이 시에서 문제는 그 때나 지금이나 '김일성 만세'라는 다섯 글자가 불온한 시어인데, 이는 그를 찬양한다는 게 아니라 언론자유의 한계를 말한 것이었다. 김수영이 갈망한 것은 양심으로부터 행동에 이르기까지 완전자유에 대한 갈망이지만, 정치는 그런 문학 표현을 감내하지 못한다. 그 후 4 · 19의거가 나고 민주의지에 대한 강렬한 의견을 동아일보에 써서 보냈더니, 아주 흡족해 하던 편집부가 전국에 즉각 계엄령이 선포되고 강력한 통제를 하니, 이름 빼곤 글자도 없이 하얀 조판 백지로만 나왔다. 그 후, 완전 민주화된 장면 정권 시절엔(5 · 16 전까지) 김수영에게도 사슬이 풀린 듯, 다수의 글이 줄줄 쏟아져 내릴 만큼 신이 나서 글들을(시, 잡문) 발표했다. 김수영 시의 시적 변모는 대체로 4 · 19를 계기로 일어난다고 볼 수 있다. 김수영처럼 날카로운 현실감각을 지닌 시인으로서 4 · 19에 크게 자극된 것은 당연한 일이었지만, 「폭포」나 「모리배」 같은 작품에서 그의 변화는 어느 정도 예견되고 준비되었던 것이기도 하다.

또한 당시의 생활상을 잘 알려주는 글이 소개되었는데,

당시의 유명한 소설가 최정희씨가 『김수영 전집』 별권에 소개한 글을 보면 대략 알 수 있다. 그녀는 김수영 댁과 가까이 지내는 친한 사이였는데, 그녀가 게재한 「거목 같은 사나이」란 글을 보면 다음과 같다.

> 그를 내가 거목 같은 사나이라고 느낀 일이 있다. 고무신을 신고 휘적휘적 왔다간 싱겁게 돌아가는 뒷모습을 보고 있노라면 꼭 그렇게 느껴지곤 했다. 그런데 이 거목 같은 사나이가 나를 참 웃겨준 때가 있었다. 시장에서도 얼마든지 살 수 있고 또는 이고 와서 파는 계란장수가 있음에도 불구하고 나는 어떤 날 김수영 씨 집으로 계란 사러 갔었다. 부인이 닭 먹이 구하러 나갈 차림새를 하면서 그 돈어치의 계란을 내게 세어 주었을 때 그는 그런 일은 모르는 체하고 있더니 부인이 나가자 나와의 대화를 중단하고 계란이 있는 장소에 들어가 양손에 계란 다섯 개를 움켜쥐고 나오는 것이었다. 여느 사람 같으면 그저 고마울 뿐이겠는데 나는 부인에게 미안하다는 생각도 할 새 없이 눈물이 나오도록 웃었다. 지금 이 시각에도 웃음이 나오려고 한다. 그 우스꽝스러운 모습만이 떠오르고 그가 죽었다는

사실을 믿고 있지 않아서 그런가 보다.

— 중략 —

김수영 씨는 부인이 사들이는 책장, 책상, 식탁, 의자 등을 지겨워했던 것이다. 술이 취하지 않은 맑은 정신에는 그렇지 않았지만, 취하는 때면 밖에서 돌을 메고 들어온다는 것이었다. 또는 도기로 찍어버리겠다고 도끼를 들고 달려들기도 했다는 것이다. 그는 책장 속에 머리를 가지런히 하고 꽂혀 있는 책들이 아무렇게나 널려 있는 것만 못하게 여겨졌다. 그렇다고 해서 함부로 흩뜨려놓은, 질서 없는 생활을 즐겼다는 말은 아니다. 펜대 하나라도 자기가 놓았던 데서 옮겨지는 것도 싫어하는 편이라고 했다. 다만, 부인이 귀중히 여기는 가구들이 그의 비위에 거슬렸을 뿐이다. 이렇게 말해놓고 보면 김수영 부인은 세속적인 것에 흥미를 갖고 있는 것처럼 생각되지만, 김수영 씨를 이해하고 그의 문학을 가장 잘 풀이 할 수 있는 높은 지성과 꽤 총명한 두뇌를 갖춘 여자다.

김시인이 술에 취해 들어오는 날이면 부인이 기꺼이 어렵게 들여놓은 가구를 도끼로 부수려던 (김시인이 김현경 여사와 재결합한 이후의 일이다. 모임에서 이종구씨를 만나는 날이면 어김없이 대취해서 귀가했다.) 그 책상에서 이리저리 옮겨 다니며 귀퉁이마다 번역, 시작, 평론 쓰는 곳이 달리 책상을 활용했다는 것이다. 또한 당시에는 문공부에서 텔레비전을 배급하던 시절이었는데, 당국에서는 불온하게 보았던 시각으로 언감생심 꿈도 못 꿀 형편이었다. 그러나, 조연현(시인, 평론가) 씨 덕분에 텔레비전이 들어왔고 전화를 놔주었다. 그러한 처지임에도 불구하고 아래 시「의자가 많아서 걸린다」에서처럼, 그를 통제하고 앞을 가로막는 의자는 억압의 상징물이었다. 잡음을 내는 미제 도자기도 일제 노리다께Noritake 반상 세트도, 곳곳마다 각으로 날 세워진 책상 모서리도 그에겐 억압처럼 짓누르는 걸림돌이었다.

> 의자가 많아서 걸린다 테이블도 많으면
>
> 걸린다 테이블 밑에 가로질러 놓은

엮음대가 걸리고 테이블 위에 놓은
미제 자기磁器 스텐드가 울린다

마루에 가도 마찬가지다 피아노 옆에 놓은
찬장이 울린다 유리문이 울리고 그 속에
넣어 둔 노리다케 반상 세트와 글라스가
울린다 이따금씩 강 건너의 대포소리가

날 때도 울리지만 싱겁게 걸어갈 때
울리고 돌아서 걸어갈 때 울리고
의자와 의자 사이로 비집고 갈 때
울리고 코 풀 수건을 찾으러 갈 때

38선을 돌아오듯 테이블을 돌아갈 때
걸리고 울리고 일어나도 걸리고
앉아도 걸리고 항상 일어서야 하고 항상
앉아야 한다 피로하지 않으면

울린다 詩를 쓰다 말고 코를 풀다 말고
테이블 밑에 신경이 가고 탱크가 지나가는
연도沿道의 음악을 들어야 한다 피로하지
않으면 울린다 가만히 있어도 울린다

미제 도자기 스탠드가 울린다
방정맞게 울리고 돌아오라 울리고
돌아가라 울리고 닿는다고 울리고
안 닿는다고 울리고

— **김수영 시, 「의자가 많아서 걸린다」 부분 -1968**

과연 이 시에서 의자란 무엇인가. 집안의 모든 집기류가 모두 다 거추장스런 장식품이다. 의자외 스텐드, 노리다케 반상 세트와 글라스가 울리고, 심지어는 가만히 있어도 울린다. 김시인은 당시 근본적으로 무엇인가 아주 예민해 있는 상황이다. 모든 가정이 다들 그렇게 놓고 사는데, 집에서 자주 사용하는 각종 집기들이 왜, 거추장스럽고 말썽이란 말인가. 그를 이토록 예민하게 촉각을 곤

두서게 하는 요인은 무엇인가. 그 부인의 깔끔한 살림살이에 따라 같이 살아가려니, 당시 시대의 정치적 절망과 억압 못지않게 시각적으로 죄는 집안 속박이 죽기보다 싫어했을지 모른다. 심지어 무거운 옷도 싫어했다. 178센티의 키에 묵직한 풍모였지만, 추위에는 지독히 약하고 항시 감기에 걸려 있었다. 또한, 극도로 예민하여 밖에서 여자를 만나 보더라도 시선은 그의 구두부터 살펴보았다. 여자가 맵시 없는 부분을 지적하며 센스가 없는 여자를 싫어했다. 시작외의 부분에도 극심하게 예민한 성격이었다.

내가 사는 지붕 우를 흘러가는 날짐승들이
울고 가는 울음소리에도
나는 취하지 않으련다

사람이야 말할 수 없이 애처로운 것이지만
내가 부끄러운 것은 사람보다도
저 날짐승이라 할까

내가 있는 방 우에 와서 앉거나
또는 그의 그림자가 혹시나 떨어질까 보아 두려워하는 것도
나는 아무것에도 취하여 살기를 싫어하기 때문이다

하루에 한 번씩 찾아오는
수치와 고민의 순간을 너에게 보이거나
들키거나 하기가 싫어서가 아니라

나의 얇은 지붕 우에서 솔개미 같은
사나운 놈이 약한 날짐승들이 오기를 노리면서 기다리고
더운 날과 추운 날을 가리지 않고
늙은 버섯처럼 숨어 있기 때문에도 아니다

날짐승의 가는 발가락 사이에라도 잠겨 있을 운명-
그것이 사람의 발자욱 소리보다도
나에게 시간을 가르쳐주는 것이 나는 싫다

나야 늙어가는 몸 우에 하잘것없이 앉아있으면 그만이고

너는 날아가면 그만이지만
잠시라도 나는 취하는 것이 싫다는 말이다

나의 초라한 검은 지붕에
너의 날개소리를 남기지 말고
네가 던지는 조그마한 그림자가 무서워
벌벌 떨고 있는
나의 귀에다 너의 엷은 울음소리를 남기지 말아라

차라리 앉아 있는 기계와 같이
취하지 않고 늙어가는
나와 나의 겨울을 한층 더 무거운 것으로 만들기 위하여
나의 눈이랑 한층 더 맑게 하여다우
짐승이여 짐승이여 날짐승이여
도취의 피안에서 날아온 무수한 날짐승들이여

— 김수영 시, 「도취의 피안」 1954년

이 시는 1954년 반공포로에서 석방되어 부인과 별거

중에 감정이 집중했을 때 지은 시이다. 1953~1954년도에 나온 「달나라의 장난」도 슬프지만 「너를 잃고」등의 시는 어두운 비애에 캄캄하게 젖어도, 그 정신은 그대로 검은빛이 나고 있다. '문학은 비애다' 라고 할 만하다. 그러나 부인과 재회한 55년 이후에 발표작들은 「헬리콥터」, 「영사판」, 「수난로」 등은 정신세계가 전쟁과 투쟁에서 벗어나, 현대 서정으로 매사를 낙관으로 보는 시각이 뚜렷이 표출돼 나왔다.

포로수용소에서 나와서 혼란과 절망적인 가운데 찾아간 부인은 돌아오지 않는, 결국 사상도 사랑도 모두 떠나버린 스스로의 외로움을 견디는 절망이었으나, 문학적으로는 최고조의 상승기였다고 볼 수 있다. 또한 김수영 문학은 본인이 직접 겪은 6 · 25전쟁을 빼놓고는 얘길 할 수 없다.

김수영은 전쟁이 나자 북으로 잡혀가다가 평양 근처에서 낙오가 되면서 생사를 오가는 탈주의 과정과 서대문에 도착한 후에 다시 포로로 잡혀가는 상황은 그야말로 드라마같은 현실이었다. 이북으로 처음 끌려가던 때, 잡힌 자들을 일렬로 세워 즉시 총살하는 상황에서 총소리와 더불어 나자빠지자 더 이상의 충격은 끝이 났으나, 계속되는 살상충격으로 거듭 시체에 묻히는 상황이었다. 그 시체 더미에서 운 좋게 상처도 없이 김 시인은 겨우 살아나왔다. 그러나 후에도 끝까지 말 못하고 혼자 궁금하게 생각하는 것은 그 총살이 누구의 소행인지, 왜 총살이 이루어졌는지에 대해서도 전후 이후까지도 장기간 고민하고 있었다.

얼마 후, 총살이 종료됐는지 조용해진 시체 무덤 속을 기어 나와 얼마를 가니, 민가가 있어 살며시 들어가 보니 빈집 부엌에 쪄놓은 옥수수로 굶주림을 해결하고, 방에선 겁이나 잘 수 없어 근처 덤불 속에 실컷 자고는 방에 있는 민간인 복으로 바꿔 입고 찰주하는 모습을 「조국에 돌아오신 상병포로 동지들에게」에 모두 서술하고 있다.

> 북원 훈련소를 탈출하여 순천 읍내까지도 가지 못하고
>
> 악귀의 눈동자보다도 더 어둡고 무서운 밤에 중서면 내무성 군대에게 체포된 일을 생각한다

그리하여 달아나 오던 날 새벽에 파묻었던 총과 러시아 군복을 사흘을 걸려서 찾아내고 겨우 총살을 면하던 꿈같은 일을 생각한다

그리고 나는 평양을 넘어서 남으로 오다가 포로가 되었지만
내가 만일 포로가 아니되고 그대로 거기서 죽어 버렸어요.
아마 나의 영혼은 부지런히 일어나서 고생하고 돌아오는
대한민국 상병포로와 UN 상병포로들에게 한마디 말을 하였을 것이다
"수고하셨습니다.

— **김수영 시, 「조국에 돌아오신 상병포로 동지들에게」 부분**

그러다 미군들이 남쪽으로 이동 중인 것이 보이는데, 영문과 출신인 김수영이 영어로 트럭에 태워 달래서 남쪽으로 내려올 수 있었다. 트럭 짐칸엔 도저히 붙잡을 때가 없어 밤새 트럭 뒤에서 휘청거리며 시달린 끝에 서대문 형무소 근처쯤에서 내렸다. 그러나 운명은 또, 중부파출소에 잡혀 실컷 두들겨 맞고는 거제포로수용소(부산포로수용소라는 설도 있슴)로 잡혀가는 시련이 시작되었다.

그것은 자유를 찾기 위해서의 여정이었다
가족과 애인과 그리고 또 하나 부실한 처를 버리고
포로수용소로 오려고 집을 버리고 나온 것이 아니라
포로수용소보다 더 어두운 곳이라 할지라도
자유가 살고 있는 영원한 길을 찾아
나와 나의 벗이 안심하고 살 수 있는
현대의 천당을 찾아 나온 것이다

— 김수영 시, 「조국에 돌아오신 상병포로 동지들에게」 부분

이 시는 포로수용소에서 나온 지 얼마 안 되는 1953년 5월 5일로 날짜가 기록되어 있다. 그가 절규하듯 내뱉는 시에서 그것은 자유를 찾기 위해서의 여정이었고, 가족과 애인과 그리고 또 하나 부실한 처를 버리고 포로수용소로 오려고 집을 버리고 나온 것이 아니라, 포로수용소보다 더 어두운 곳이라 할지라도 자유가 살고 있는 영원한 길을 찾아 나왔다는 절규였다. 반공포로 얘기를 써달라는 부탁으로 써준 시인데, 본인은 별로 좋아하지 않는 억지로 쓴 시라지만 분명 그의 행적을 더듬어볼 수 있는 유일한 개인의 서사시이다.

김 시인이 연애시가 없다고 한다는데, 처음 프러포즈 때 벌벌 떨면서 'my soul is dark'라는 말 한 마디이었는데, '너 없이는 못 산다, 너밖에 없다'는 뜻으로 받아들인 그 한 마디가 어떤 장광설의 구애보다도 강렬했다. 그러나 이 시를 쓸 당시는 이종구씨에게로 떠나가 버린 부인에 대한 배신감을 가득 안고 살던 시기이니, 당연히 이런 시가 나올 법도 한 것이다.

매연마다 종행에 너는 억만 개의 侮辱이다// 늬가 없어도 산단다// 억만 인의 여자를 보지 않고 산다/ 등 절망으로 점철된다.

늬가 없어도 나는 산단다

억만 번 늬가 없어 설워한 끝에

억만 걸음 떨어져있는

너는 억만 개의 侮辱이다

나쁘지도 않고 좋지도 않은 꽃들
그리고 별과도 등지고 앉아서
모래알 사이에 너의 얼굴을 찾고 있는 나는 인제
늬가 없어도 산단다

늬가 없이 사는 삶이 보람있기 위하여 나는 돈을 벌지 않고
늬가 주는 侮辱의 억만 배의 侮辱을 사기를 좋아하고
억만 인의 여자를 보지 않고 산다

— **김수영 시, 「너를 잃고」 부분**

이 시는 어떠한 설명이나 해설도 필요없이, 그냥 읽으면 명치끝까지 와 닿는다. 전쟁이 낳은 비극이라지만 견디기 어려운 것은 인간 마음속이다.

더구나 이종구 댁에서는 그의 부친께서 소문을 듣고 고민하시다가, 아들의 뜻에 따라서 결혼을 진행코자 하는 지경에 이르렀다. 따라서 이종구 씨는 결혼 전 이혼을 위해 김수영 도장을 갖고 오라고 김수영에게 김여사를 보낸다. 그리고 반색을 하는 김수영을 보고 '도장 달라'자 하

애지는 얼굴을 보고 얼마 후, 김여사는 백 하나만 들고 이종구 집을 나왔다. 그 후 이종구 씨의 여러 가지 난동亂動은 익히 짐작대로였다. 이종구 집을 나와 소설을 쓰자고 방을 하나 마련하고 김수영에게 메모를 보냈더니, 약속날에 만나서 결국 그날로 다시 합치게 되었다. 김시인은 환도 후에도 시댁 식구들과 (1954년 봄) 같이 살고 있었는데, 그 복잡한 상황에서도 독방으로 쓰며 예전처럼 식구를 괴롭히는 중이었다. 성북동 방으로 다시 합친 다음 날 시댁에서 책이 한 보따리 건네져 왔다. 몇 편만을 읽었는데, 긴 시간을 지나 온 것 같다. 아직도 다 못 다한 비하인 스토리는 얼마나 될까

김수영시인이 사용하던 각종 서적류와 가구들이 들어찬 서재에 들어서니 곳곳이 누렇게 색 바랜 풍경들로 가득 차 있다. 육필원고도 너덜너덜한 사전도, 외국서적부터 책상가구까지 모두가 지난 시간 속에 누렇게 잠들어 있다. 유독 눈에 띄는 누런 액자가 있는데 '常住死心' 김수영 시인의 좌우명이 걸려 있는데, 항시 죽음을 생각하

는 절박한 마음으로 시대를 살아온 시인의 마음을 읽을 수 있다. 살면서 항시 자유를 갈망했던 우리의 거대한 시인 김수영을 만나고 나오면서 김여사의 말이 머리를 자꾸 맴돈다.

"백년에 하나 나올까 말까 한 시인"이라는 자랑스럽고 간절한 그 말 한 마디.

2부

시 이야기

1. 시어의 유희

내가 아끼는 시집중에는 이미 고인이 되신 신현정시인의 『염소와 풀밭』이다. 언젠가 우연찮게 시를 접하게 된 신현정시집『염소와 풀밭』은 그야말로 신기루였다. 신시인이 구사해 내는 시어詩語의 힘은 쉬우면서도, 그 의미는 정말 광대하고 신선한 바람이었다. 시가 주는 무한한 상상력은 염소를 매개로 한없이 뭉실뭉실 퍼져나간다. 말뚝에 매여 그 주위만을 빙빙도는 염소를 보고는, 그 시야를 확장하며 헤아려보았을 시인의 상상력이 주는 즐거움은 매우 유쾌한 것이다. 땅속에 콱 박힌 말뚝에 매인 염소는 바로 읽는 독자를 비롯한 우리 모두의 모습이다. 대지에 박힌 말뚝은 어느 누구나 길게도 또는, 짧게도 매어있는 헤어날 수 없는 억압의 상징이 된다. 매어진 줄의 길이만큼 볼 수 있는 하늘의 넓이, 또한 신시인이 보여주고자 했던 상상의 범위가 아닐는지

염소가 말뚝에 매여 원을 그리는

안쪽은 그의 것

발을 넣고 깨끗한 입을 넣고 몸을 넣고

줄에 매여 멀리 원을 그리는 안쪽은

그의 것

염소가 발을 넣고 뿔을 넣고 그리는 원을 따라

원을 그리는 하늘도 안쪽은 그의 것

그 안쪽을 지나가는 가슴 큰 구름이며, 새들이며

뜯어먹어도 또 자라는 풀은 그의 것, 그러하냐.

— **신현정, 「염소와 풀밭」 전문**

인간이나 동물도 이미 주어진 삶의 한 형태로 자의든 타의든 그 한정된 범위를 넘지 못한다. 누구나 주체에 따라 그 환경은 어쩔 수 없이 고정된 말뚝에 걸리고 만다. 누구나 그와 같이 한정된 범위의 삶을 즐기고 자족하며 사는 경우가 대부분이다. 범주에 드는 원 안의 풀은 나의 것이듯, 원의 안쪽을 지나가는 구름이며, 새들 또한 나의 생과 맞닿는 인연이다. 그 안에서 괴로움도 즐거움도 발견하며 자신도 모르게 일생을 살아간다. 세상이 큰 감옥이라 생각하면 불행하지만, 좁은 감옥도 마음을 넓게 가지면 견딜만한 장소가 되는 것이다.

염소가 발을 넣고 뿔을 넣고 그리는 원을 따라

원을 그리는 하늘도 안쪽은 그의 것

뿔이 휘두르는 그림을 따라 땅도 하늘도, 새, 구름도 나의 것이라 생각하는 무모함이 독자를 즐겁게 한다. 염소도 그렇게 생각했을까. 우리도 그렇게 소박하게 생각할 때, 세상을 견딜 수 있다. 다만 염소를 빼면 –

본질은 그것을 받아들이는 각자의 마음이다. 그러나, 욕망이란 어디 그런가, 말뚝을 벗어나면 어디를 가도 드넓은 평야가 있을 것이란 끝없는 갈망을 버리지 못하는 것이, 우리들의 욕심이고 희망이 아닌가.

그러나 당신도, 나도 우물 안 개구리 마냥 말뚝에 매인 사실 조차 모르고, 현실에 매몰되어 사는 것이 인생일 것이다. 그러다 저 끈이 풀릴 수 있다고, 풀어야겠다고 발버둥 치며 희망이란 줄 하나에 걸고 질주하는 것이 삶이 아니겠는가. 누구나 줄을 끊고 초원을 자유로이 내달리는 염소를 상상하면, 마음까지 싱그럽다. 그러나 삶은 어쩌다 디딘 그 자리가 내가 살 자리다. 별 시끄럽게도 않은 시인의 마지막 말 중에 끝맺음으로 "그러하냐"라는 말이 주는 여운이 깊다. 대답은 없어도 이미 마음은 그러하다고 대답하고 있다.

그래서 이 시가 여운이 깊은 위안을 준다.

민들레야, 봄에는 정처가 따로 없다

먼 하늘가로 떠돌다가

너 머무르려고 하는 곳, 그곳이다

그래, 출생의 비밀은 그렇다

더없이 화려한 물과 바람과 햇빛이 상관을 했다

민들레야 떠돌다가 떠돌다가 머무는 그곳이다.

— **신현정 「정처」 전문**

그가 말하는 정처定處는 민들레만 없는 것이 아니라, 모든 만물이 정처가 없다. 제행무상諸行無常처럼 모든 만물은 변하지 않는 것이 없다.

민들레처럼 바람에 날리다 주저앉는 곳이 바로 뿌리내리고 살 자리다. 그러면 물과 바람과 햇빛이 상관해서 꽃을 살게 해줄 것이다. 그렇게 마음을 편히 놓아야 살 수 있다. 그래서 앞을 보고 살아갈 수 있다. 이 말뚝이 나의 전부라고, 펄펄 바람에 날리다가 시궁창에 처박히는 처처處處까지 생각하고 고민하고 분노하면, 가슴이 꽉 막히지 않겠는가. 길을 가다가 '이 길이 맞느냐'고 묻더라도, 누구도 그렇다고 대답하기 어려운 것처럼, 우리는 그냥 운명의 무소뿔처럼 묵묵히 길을 가는 수밖에 다른 길이 없다.

지금도 고향엘 가면 수십 년 전에 살던 그 집에, 그 때 그 사람이 힘겨운 언덕길을 오르내리며 하루를 보내는 모습을 본다. 멈춰진 풍경처럼 느껴진다.

인생이 그렇지 않은가. 인생엔 고수가 없는 것이 또한 그렇다. 염소는 새들과 구름과 그리고, 고개를 숙이면 영원할 것 같은 너른 초지가 있을 따름이다. 민들레처럼 날다 떨어진 곳이 정처定處고 살 곳이다. 인생도 이와 같다.

그 외에 무엇이 더 고민일까.

2. 시화詩畵 이야기

용인에 유일무이唯一無二한 장례문화예식장이 2013년 이동면 평온의 숲로 77번지에 조경도 채 끝나지 못한 채 개장되었다. 용인시민들의 장례에 어려운 사정을 고려하여, 그야말로 길 내고 집짓는 기본 시설만 갖춘 상태로 긴급하게 개관을 한 것이다. 건물 곳곳이 휑한 화강암 벽들만이 버티고 서있으니, 더욱 을씨년스러워, 당시 문인협회에서 시화전을 하고 난후, 죽음과 관련된 시화를 몇 점을 기증해서 걸었다. 그때만 해도 장례장의 도시공사 측은 그것만으로도 만족한 상황이라서 별 문제가 없어 보였다. 그러나 건물에 비해 시화의 의미나 규모가 만족스럽지 못한 상황이어서, 문화재단에 지원을 받고 회원들에게 원고를 받아 여섯 점을 더 걸었다.

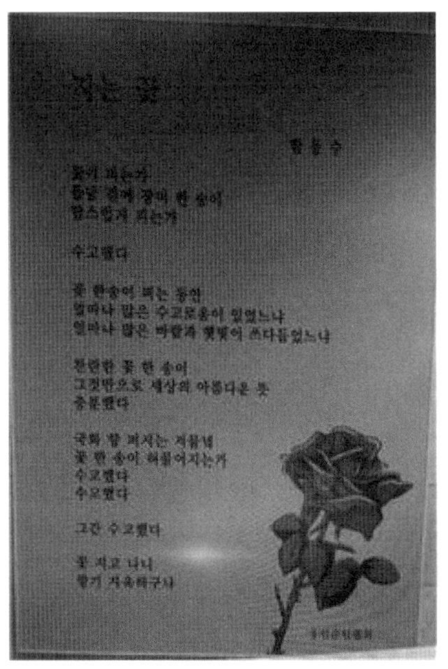

1차 장미꽃 시화

크기는 휑한 벽과 어느 정도 어울릴 정도의 크기와 신

축건물에 큰 못을 박지 않아도 될 가벼운 시화 액자를 거는 것으로 제작 전시했다. 더구나 화장장인 나래원의 벽에 거는 시화였다.

죽음은 누구에게나 다가오는 큰 숙제이고 두려움이다. 생경한 그곳에 가족의 장례를 치루기 위해 온 산자들에게 위안을 주는 시 한편이라면 얼마나 좋겠는가 하는 생각이었다. 그래서 입구에 다음과 같이 「지는 꽃」 졸시 한 편을 걸었다.

꽃이 피는가
돌담 곁에 장미 한 송이
탐스럽게 피는가

수고했다

꽃 한송이 피는 동안
얼마나 많은 수고로움이 있었느냐
얼마나 많은 바람과 햇빛이 쓰다듬었느냐

찬란한 꽃 한송이
그것만으로 세상의 아름다운 뜻
충분했다

국화 향 퍼지는 저물녘
꽃 한 송이 허물어지는가
수고했다
수고했다

그간 수고했다

꽃 지고 나니
향기 자욱하구나

— **함동수, 「지는 꽃」 전문**

그러나 이 시를 걸고 난 이후, 나를 아는 지인知人들의 감사와 격려 그리고, 하필이면 장미꽃이냐는 질책까지,

여러통의 문자와 전화를 받았다. 지인들의 이견異見은 하필이면 장례 화장장에 장미꽃이 생뚱맞다, 낯설다 의견등을 보내왔다. 모든이들의 감각과 생각이 각각 다른데, 이를 구구절절 설명하기도 그렇고 해서 그냥 지나왔었다. 그런 중에 검색을 하다가 '지는 꽃'을 옮겨 싣고는 그 시에서 위안을 받았다는 글을 종종 발견하게 되었다. 참으로 처음으로 보람과 의미를 느끼는 순간이었다. 그래서 장미꽃에 대한 해명도 실을 겸, 아래와 같이 몇 자 답 글을 달아드렸다.

'누구나 이 세상에선 장미 한송이
그 꽃 한송이 자체가 이미 존재의 뜻으로 충분한 것
그러므로 너도, 나도 모두가 다 한울님이고 부처고 꽃이다
해 저무는 저물녘에 묻히는 장미 한송이
너도, 나도 사느라 견디고 힘든 인생 끌고 오느라 수고하지 않았겠느냐
우리 모두 수고한 자들입니다
그 수고한 자들에게 위로와 위안을 전합니다

그리고 그 장미가 지고나니, 그 향기 자욱하더라고

마지막 인사를 전합니다

'그간 수고하셨습니다 –안녕히! '

2차 국화꽃 시화

시화를 게시한 후 시간이 지나면서 화장장 '나래원'을

약 2년 만에 가보니, 사진 「2차 시화」처럼 도시공사都市公社 자체비용으로 꽃 그림을 바꿔 제작해 걸어 둔 것을 보았다.

한편 '작가에게 의견이나 물어보지' 하는 생각을 하다가, 또 한편으론 '오죽했으면 자비를 들여 다시 만들었겠나' 생각하니, 괜스레 오기를 부려 장미를 넣은 내 생각이 짧았다고 반성도 해보는 것이다.

어찌됐든 그 장소에서 모든 이들에게 위안과 공감을 주고 의견을 제시할 만큼 반향을 불러일으킨 점만으로도 다행스럽고, 그걸 꼭 국화로 바꿔놔야 소통이 된다고 생각하는 이들에겐 시적요소를 어떻게 다 설명하나 하는 생각이 드니 한편 아쉽기도 하였다. 한 말씀 추가하노니 –

영면에 드시는 사자들이여!~

한줌의 재로 사그라지는 영혼들이시여!~

거기 그대들을 위한 졸시 한편을 걸어 위로하나니, 부디 거절치 마시고 그 시 한편으로나마 위안을 받으시고 평안을 찾으소서 이제, 당신들이 찾은 그곳 모두가 극락 일 거외다.

나도 곧, 따라 가오리다.

타계他界에 가신 여러분!

부디 영면하시길 빕니다!~

3. 내 인생의 멘토

요즘 중년을 지나면서 '사람은 살아가는 동안 어려운 시간을 극복하는 과정 자체가 삶이다.' 는 생각을 한다. 젊을 때는 작은 문제 하나가 나의 전부인 양 밤새워 고민도 했었지만, 날이 새면 헛것인 것을 알아버리는 때처럼, 경쟁 사회에 나와서의 고민은 그 강도가 몇 배나 된다는 사실을 이젠 나도 잘 안다.

그러니까, 이 회사를 처음 들어 온 것이 20년 전, 혈기 완성했던 삼십대에 입사하는 나를 멀리서 뚫어지게 주시하던 나이 지긋한 임원 한 분을 목격했다. 그 시선을 몇 번이나 뜨겁게 느끼며 몹시도 두렵고 궁금했는데, 그 후 같이 업무를 하는 사이에 절친해진 후에 이유를 물으니, '과연 쓸 만한 인물이 될까'라는 생각을 했다는 후담의 기억이 새롭다. 그리고, 그간 많은 시간을 같이 지내오면서, 혈기만 앞세우던 나에게 인생 자체를 긴 시간 강론해 깨우쳐 준 것은 물론, 집안 대소사부터 친우들의 문제까지 제 인생 전체를 멘토mentor해주신, 그 대선배를 지금도 잊을 수 없다.

나도 그분도, 그간 함께 지내면서 여러 몇 번의 고비를 넘겼지만, 그 중에 내가 중병으로 투병을 할 때는 몰래 눈물지으며 가슴 아파했고, 드디어 수술해 입원 때에는 문병을 친히 오셔서 '살아줘서 고맙다'고 눈물을 흘리셨다.

인간애란 이렇게 순수한 사람에게는 투명하게 그 향기를 전해주는 것일까.

그분에게 배운 것은 무엇보다도 이 세상을 바라보는 시각의 척도를 알려주신 점이 최대의 수혜이며, 그 이후 세상의 시각이 달라진 것은 물론이다. 세상은 이런 눈으로 투시해야한다는 그분의 생각은 내 시야를 한참 넓은 세상으로 이끌어 주었다.

그리고, 내가 시인이 되고 첫 시집을 발간했을 땐, 어느 누구보다도 반가워하고 기뻐하였다. 시집을 여러 권 달라고 하셔서 가까운 친구들이나, 멀리 독일에 있는 아들에게까지 송부하며 자랑스러워 하셨다. 당신의 저서처럼 기뻐한 그 시집에 나는 그분에 대해 잊지 않기 위해 한 편 상재上梓했다.

내겐 든든한 기둥이 있었네
아버지 같고 스승같은 기둥
팔팔한 삼십대부터 조용히 곁에서
배경이 되고 언덕이 되어준 든든한 기둥

허기를 지나온 사람만이 아는 두려운 궁핍을 위해
낮은 사람들이 모여 사는 작업현장에서
방패도 되고 넉넉한 보자기도 되며
그들과 함께 조용히 눈물 흘리던 기둥

배려와 포용은 넉넉하고 아름다운 것
낮은 사람들의 밥을 위해 낮은 곳으로
곤한 사람들의 자리를 위해 허리 숙이며 살아온
그들의 평생 동지

— 중략 —

낮은 길에서 만난, 이 뜨거운 손
생전 처음 맘 풀고 머리 숙여도 결코, 후회스럽지 않을
두고두고 생각해봐도 따듯한 여운이 남아
또, 다시 기다려지는 우리의 현자

—함동수, 「든든한 기둥」 부분

아직도 건강한 모습으로 곁을 지켜주시는 그분의 가르침에 대해선 평생 잊지 못할 행운이며, 감사할 일이라 생각한다. 그분은 몇 년 전 퇴사를 하셔서 남양주 한강변의 아파트에서 아침저녁으로 운동을 하면서 노후를 보내고 있다. 어쩌다 안부전화를 하면 틈틈이 독서도 하고, 운동

도 하며 모임에 나가 친구들도 만나는 등, 여유로운 말년을 보내고 있단다.

그러나 시간은 곧 녹슬고 헐렁해지는 노화는 어쩔 수 없는 것이어서, 지난해에는 소화기능에 이상이 생겨 긴급 시술을 받는 등, 가끔 건강에도 빨간불이 들어와 고생을 한 적도 있었다. 그러나 한결같이 현장에선 높은 산을 오르며 젊은이들과 생사고락을 함께한 따듯한 현자賢者, 혹한의 현장을 돌고 와서는 현장에서 떨고 있는 동료들이 안타까워 조용히 눈물짓던, 뜨거운 사나이의 깊은 정에 감동하여 존경의 머리를 숙인다. 또한 같이 근무할 적엔 항상 식당을 오가며 계절의 변화에 안타까워하던 모습은 지금도 눈에 선하다.

혹한의 겨울철에도 수십 년을 한결같이 새벽 6시 반이면 어김없이 출근하여 근로자들과 함께 분투했던 열렬한 노가다 동지, 열악한 현장이 무덥거나 혹한이거나 개의치 않고, 꼭 안전모와 작업화를 신고 현장으로 나가서는 격려와 용기를 북돋우던 따스한 감독자이자, 무산자들의 평생 동지 이재실 선생. 그러나 당신 자신에게만은 냉혹한 잣대로 엄격하게 절제와 근검으로 살아오신 나의 인생의 훌륭한 멘토mentor.

앙상한 겨울나무에서 파릇한 잎이 돋으면 '또 한해는 살았다', 하면서 안심하던 모습과 가을낙엽이 지면 뚝뚝 떨어지는 낙화를 아쉬워하며, '또 한해가 저무네'하며 다시는 못 볼 것 같은 표정으로 낙엽들에게 인사를 보내던 노객, 자연과 더불어 지나가는 인생사를 노련하게 적어나가는 그분과 즐겁게 만날 날을 기대해본다.

4. 빛과 그림자

어느 봄날 무심히 개울 건너 공사장을 쳐다보다가 굴삭기 버켓을 내려치고 난 후에, 시간차로 소리가 메아리처럼 따라오는 것을 보고는 시 한편을 구상했다. 그간 겨울의 추위가 무거웠는지 상념의 날개는 훨훨 날아올라 끝없이 기류를 타고 떠올라 간다.

그 위에 무엇이 있단 말인가, 빈 공간이 아닌가. 그런 곳으로 상념은 행성 사이를 벌써 넘나들고 있지 않은가. 그야 물론 빛과 소리의 속도 차 때문이었지만, 평소엔 당연한 일이었는데 유독 오늘따라 저 손짓의 흔들림이 큰 것은 무엇일까. 천지가 진동하는 천둥보다도 번쩍이는 경련이 먼저 혼절할 더 큰 공포가 아니던가.

물리적으로 빛의 속도가 매초 당 300,000,000m/s이고, 소리는 공기를 밀고가는 방식으로 334m/s의 속도로 달릴 수 있으니, 그 차이는 실로 엄청난 속도 차가 나기 때문이다. 그러니 당연히 소리가 뒤따라오는 것이다.

어찌됐든 이 빛과 소리 대해서는 창조론과 빅뱅론에 우선 기대야 한다. 그러나 학계에서도 끊임없이 우주의 생성에 대한 학설과 비판등이 철학, 신학神學과 더불어 논쟁은 지속되고 있다. 천지 창조설creation과 빅뱅big bang에 대한 의견이 첨예하게 논의되고 있고, 사실 우주는 지금도 팽창하고 있는 상황으로서, 이것은 과학이나 철학을 포함하는 아주 미묘한 포인트니 더 이상은 의미가 없다. 결국 창조론이든 빅뱅이든 상관없이 빛과 소리는 현현顯顯하고 있다. 행위나 빛을 따라오는 소리의 숙명에 대해 고민 끝에 아래와 같은 소박한 졸시가 나왔다.

개울 건너 공사장에서 며칠 째

포크레인 쿵쾅 거리는 소리를 가만 지켜보니
바가지가 획 내려치고나니 그제야
쿵하는 소리가 따라 온다

분명한 것은, 소리가 오기 전에
또는 울림이 오기 전에 순간적으로
동작이 먼저 온다는 것이 어찌
땅에서만 단순하게 터져 나오는 울음일까

맑은 하늘도 가끔은 참지 못한 우울을 잔득 움켜들고
구르릉 구르릉 속 끓이다가 번쩍하고 튀어 나와
한을 풀듯이 쿵쾅거리며 쏟아지는 빗물이
폭포처럼 소리치며 흘러내리는데

생각해보면 지금 땅에 내리는 이 햇빛도 그 언젠가
서로 부딪쳐 폭발하며 튀어난 깨짐의 빛이라면, 그 때
흩어진 소리의 조각들이 지구를 휘돌아 드는
그 어느 날

경천동지 할 만 한 거대한 굉음이 지구를 뒤덮어
귀청 떨어져 막히는 아이러니한 적막의 시대, 유토피아가
도래한 귀먹은 자들의 도시*가 되어 막막한 종말이 온다는
비극의 예언서는 왜, 없는 것일까

* 눈먼 자들의 도시 : 패러디.

— **함동수, 「소리가 따라온다」 부분**

봄꽃이 피어나는 이맘쯤이면 왜 개울을 파 올리는 공사가 연일 벌어지는 것일까. 그러나 심심치 않게 규칙적으로 들어 올리고 퍼 담아 내달리는 덤프들을 보면서, 그들의 분주함과 상관없이 빛과 소리에 대해 실눈을 뜨고 고민하던 나는 참으로 순진하게도 기발하게 그 빛과 소리에 집중한다. 또한 그 빛은 어디서 왔으며, 충격에 따른 폭음은 어찌할 것인가에 대한 무지한 생각들. 그리고 빅뱅 big bang 이후 행성들 사이를 지나 언젠간 폭음이 도래할 것이란 상상은 나만의 상상인가.

서로 부딪쳐 폭발하며 튀어난 깨짐의 빛이라면, 그 때

흩어진 소리의 조각들이 지구를 휘돌아 드는
그 어느 날

이 순간이 참을 수 없이 갑자기 찾아드는 궁금증과 의문은 바로 과학이나 신학이 아니라, 문학이 감당해야 할 부분일 것이다. 당연히 과학적으로 입증이 있어야겠지만, 과학을 넘어서는 것이 인문학이고 그중에 픽션fiction이 문학의 담당이다. 따라서, 그렇다면 빅뱅big bang의 장렬한 폭광은 어느새 사라지고, 엄청난 시간차로 길고 긴 거리를 시간이 이끌며 달려오고 있는 폭음의 소리는 언제 우리에게 도달해서, 긴장의 시간과 공간을 밀고 들이 닥칠 것이다. 그렇다면 언젠간 그 폭음이 지구에 도착하는 날, 지구는 경천동지驚天動地 할 일이 생길 것이 아닌가.

경천동지 할 만 한 거대한 굉음이 지구를 뒤덮어
귀청 떨어져 막히는 아이러니한 적막의 시대, 유토피아가
도래한 귀먹은 자들의 도시가 되어

그러나 그 소리는 우주를 뒤덮고 지구를 삼키는 굉음으

로, 우리 지구를 비롯한 행성들 중에서 지구에 사는 우리들까지도 모두가 귀머거리가 되는 적막의 시대가 올 것인가, 라는 의문을 심은 것이다. 이 시를 써놓고 다시 봐도 '참으로 철없는 걱정을 한다'는 마누라의 핀잔이 오히려 걱정이다. 그야말로 온 세상이 온통 적막하고 조용하게 귀머거리 되는 비극의 그 날, 어쩌면 이런 난세亂世를 대청소하는 날인지도 모른다. 요즘 내 마음이 그렇다.

그러나 '막막한 종말이 온다는/ 비극의 예언서'같은 일은 일어나지 않을 것이다. 왜냐하면 소리가 밀고 갈 매개체인 공기가 없는 무중력인 행성 간에는 소리가 완벽하게 차단되기 때문이다. 당연히 철없는 시인에게만 통용되고 소통하는 시어詩語일 뿐이다. 그러나 사람과 사람 사이에도 서로 눈빛을 주고받으면서도, 그에 따른 대답이 소리로 전달되는 것을 보면서 빛과 소리는 한 평생 살면서, 성질 급한 남편을 달래며 숙성돼가는 우리 부부 같다는 생각을 한다. 장자는 소요유逍遙遊에서 "물고기의 이름은 '곤鯤'인데, 곤의 둘레의 치수는 몇 천 리 인지를 알지 못하고, 그것은 변해서 새가 되는데, 그 새의 이름은 '붕鵬'

이다. 붕은 몇 천 리 인지를 알지 못할 정도로 크며, 붕이 가슴에 바람을 가득 넣고 날 때, 그의 양 날개는 하늘에 걸린 구름 같았다."고 적고 있다. 경우가 똑같지는 않지만, 허구란 상상의 날개는 같다.

그래서 문학의 위치가 필요한 것이다. 그림자도 빛이 있을 때만 살아남는다. 빛과 흑이 한 쌍이라면, 그림자와 소리도 그것들과 동의어의 거리에 있다.

5. 약과 독

우리 몸이 화학성분으로 구성되었다는 것은 건강악화로 수술을 하고 난 후에 알았다. 그러면서 매일 새벽마다 동맥 정맥을 찔러서 혈액채취를 한 후, 그 기준에 따라 약을 넣고 빼는 과정을 체험하면서, 몰모트Mallmote가 따로 없다고 생각했다. 양쪽 팔엔 상시 링거병을 달아 놓고선 이약 저 약 시간에 맞춰 투약하는 일이 체질을 정상으로 유도하는 과정이었다. 양의학적으로는 몸에 바이러스가 들어와 면역항체가 약해져 병이 발발했다고 생각하며, 한의학에서는 '몸의 균형이 깨어져 병이 났다'고 말한다. 정확한 뜻은 '제자리에 놓여야 할 것들이 제자리에 놓여야 한다'는 뜻이다. 다시 말해 몸이건 사회건 '균형과 조화'의 개념은 바로 평화peace다. 그러니 한의韓醫나 양의洋醫에서도 치료는 곧, 균형을 이루는 물아일체物我一體 작업이다.

그러고 나서, 퇴원을 해서도 균형을 맞추는 삼시 세끼 몇가지 약을 먹어야 한다. 어느 날, 그 약 봉투 안에 들어 있는 깨알 설명서를 읽어보다가 깜짝 놀랐다. 이건 약이 아니라 숫제 독약이었다. 호전되는 성분이나 효과 보다는 부작용과 주의사항이 그 몇 배나 많기 때문이다. 이 약을 먹다가 어느 것 하나라도 재수 없어서 걸려들면, 치명적일 수도 있다는 경고다. 그러니, 뭔가 부족해서 흐트러진 균형이 깨지면 그 부족에 따라 열이 오르고 통증이 따라오니, 치료는 당연히 그 부족한 성분을 보충하는 것이다. 그러고 보면, 우리 몸도 우주의 한 구석이고, 자연의 순리에 따라 흐르는 물이다.

올봄 대전의 한 식당에서 식당 주인 황씨 등 3명은 인근 저수지에서 직접 잡은 황소개구리 5마리로 탕 요리를

해 먹었다. 그런데 5분쯤 뒤, 황씨는 구토를 하며 쓰러졌고, 나머지 모두 병원으로 옮겨져 치료를 받았지만 식당 주인 황씨는 다음 날 숨졌다. 국립과학수사연구원의 부검 결과, 시신에서 두꺼비에만 있는 '부포테닌bufotenine'이라는 독이 검출됐다고 한다. 경찰은 황 씨가 크기가 작은 두꺼비를 황소개구리 새끼인 줄 알고 삶아 먹은 것으로 보고 있다. 부주의와 욕심이 지나쳐 독을 섭취한 비극이다. 미리 알았더라도 두꺼비 독은 삶아도 법제法製가 되지 않는단다.

그러나 독중에서도 나쁜 독과 좋은 독 중에 제약회사가 만드는 화합물도 따지고 보면 독을 이롭게 활용한 것이다. 독일의 독물학 선구자 라셀수스가 "인간을 병들게 하는 것은 인간을 치료할 수 있다"고 말한 것도 따지고 보면 독과 약의 함축적 관계를 보여 준 것이다. 한약 중에도 수많은 독을 법제法製해서 약으로 사용한다. 하지만 독과 약의 운명은 정말 종이 한 장 차이로 갈린다. 이는 각종 치료제나 비타민제, 해충제까지도 독과 약의 차이는 결국 복용량dose의 개념으로 구분한다고 한다. 일상생활에서 흔한 물질도 너무 과하게 섭취하면 결국 치사량이 되는 것이다. 따라서, 70키로의 체중을 가진 사람이 6리터의 물을 섭취하면 체내 전해질이 묽어지면서 물 중독에 빠져 사망할 수 있다고 한다. 세상의 수없이 많은 물질 중에 어느 것이 독이고 약인지를 구분하는 것은 사실상 의미가 없다. 그 차이가 구분할 수 없으니 말이다. 그러니 환자가 약이라기보다는 독을 삼키는 위험을 감수하고서라도 먹을 수밖에 없는 위험하고도 한심한 처지가 바로 그것이다. 그러다 퇴원을 하고 나서 많은 약을 먹으며 쓴 생각이 아래 졸시다.

약은 독이라는데

하루에 한 움큼씩 먹는 약을 보며

이렇게나 많은 독을 먹어도 괜찮을까

약을 먹으면 독이 온몸에 퍼져 퍼렇게 독이 오르겠지

독으로 사는구나 오직, 독으로

독을 들어 독을 친다는 얘긴 숙성시킨다는 것일까
치료는 몸을 고치는 것이 아니라
배고픔을 채워 허기를 메운다는 명언처럼 들리는 치료법이
때론 독이 약이 되어 병도 몰아 내준다지만 가끔은
사는데 독이 필요한 때도 너무나 많아 예방주사 맞듯
퍼렇게 멍드는 날이 촌놈 장날 가서 눈머는 날이다

약을 넣어 독을 채우느니, 진한 된장내가 나도
된장국이 온몸을 돌아 온갖 균을 다스릴 수 있다는데
약사가 주는 약보다 어머니가 끓여 주시던 된장국이
더 귀한 약이 되는 줄 이제야 알고보니
어머님이 끓여주시는 저녁 된장국이 갑자기 먹고 싶다

— 함동수, 「약과 독」 전문

독에 몰려 병이 난 환자를 또 다시, 독을 불러들여 독으로 독을 친다는 이 원리에 한편 수긍도 가면서, 우리 몸에도 이이제이以夷制夷가 통하다니 신통할 따름이다. 옛적에도 독을 약으로 쓰는 경우가 지네라든지, 뱀독, 봉독,

독풀등등 극단의 독을 약으로 썼다는 얘길 들어본 적이 있다. 허긴 질병疾病은 뭔가 부족하든지, 세균이 들었든지, 무리해서 면역이 떨어졌든지 몇가지 중에 하나 일 것이다. 그 중에 부족한 것은 채우면 되겠지만, 세균과 싸움을 벌여야하는 것은 그만한 맹독이 필요 할 것이다. 군대가 그렇듯이 –

독을 들어 독을 친다는 얘긴 숙성시킨다는 것일까
치료는 몸을 고치는 것이 아니라
배고픔을 채워 허기를 메운다는 명언처럼 들리는 치료법이
때론 독이 약이 되어 병도 몰아 내준다지만

— **함동수, 「약과 독」 부분**

옛적에 많은 임금들이 막강한 권력을 쥐고 있음에도 불구하고, 독살 위협에 항상 시달렸던 것을 기록에서 보았다. 과거 조선의 역사속에도 약과 독에 대한 얘기가 많이 나온다. 권력이 강력 할수록 독살의 유혹은 더 가까이 있

었다. 명확한 자료는 없으나, 사약에 쓰는 재료가 비상砒霜이었을 것으로 추정하는데, 이 비상이 결국은 비소As로서, 한때 거담제로도 사용한 적이 있는 약이면서 독이다. 『조선왕 독살사건』을 쓴 이덕일교수도 “한의학의 핵심은 ‘독을 어떻게 쓰는가’에 따라 약이기도 독이기도 하다”고 말한다.

2011년 일본 동북 태평양에서 9.0의 대지진이 발생하면서, 쓰나미로 인해 후쿠시마 원전에서 수소폭발과 방사능이 누출됐다. 대지진과 후쿠시마 원전재앙으로 후쿠시마를 중심으로 1만 5890명이 숨지고, 2589명이 실종되는 대참사가 벌어졌다. 이 사고로 원전사고에 대한 안전성에 문제가 대두 되면서, 각 국가에서는 원전에 대해 불안감을 갖기 시작했다.

그러나, 이 원전原電도 쓰기에 따라 약도 되고 맹독이 되기도 하는 대표적인 에너지 재료이다. 원전이 갖는 장점들이 엄청 많은데도 불구하고, 섣불리 다루다가 누출 사고가 나면 회복하기엔 많은 희생과 노력이 필요하다는 단

점도 있다. 무엇이든 과용하면 탈이 나는 것은 예나 지금이나 같은 이치다.

그와 같은 사례로 사약死藥으로 천남성 뿌리를 썼다고 하는데, 약효가 좋았던 모양이다. 그 사약 또한 권력의 도구로서, 왕과 권신들이 서로에게 몰래 써보는 죽음의 묘약이었다.

그런데 천남성이나 투구꽃이나 아름답기는 천하에 그보다 유려할까. 장미와 경국지색傾國之色이 그렇듯이, 현혹할 만한 아름다움엔 꼭 가시의 독성이 있다. 누구나 그 독을 빨면 공멸한다. 지금도 약봉투를 열 때마다 이게 독이지, 아니 약이지, 여러번 고민을 한다.

사노라면 약이 되면서 동시에
독이 되는 일 얼마나 많은가 궁리하며
머리가 아파올 때
입술이 얼얼하고 혀가 화끈거리는
투구꽃 뿌리를 씹기도 한다

조금씩 먹으면 보약이지만
많이 넣어 끓이면 사약이 되는
예전에 임금이 신하를 죽일 때 썼다는
투구꽃 뿌리를 잘게 잘라 씹으면
세상에 어떤 사랑이 독이 되는지 생각한다

— **최두석, 「투구꽃」 부분**

최두석시인도 투구꽃 뿌리를 씹으면 입술이 얼얼하고 혀가 화끈거린다고 한다. 어떤 식물이 이처럼 씹을수록 구강부터 점점 마비되는 독성을 뿜어 댈 수 있을까. 예전에 임금이 신하를 죽일 때 썼다지만, 신하가 왕을 죽일 때도 사약은 몰래 사용됐다. 그러나 이 독약도 조금씩 먹으면 보약이 되지만, 많이 넣어 끓이면 사약이 된다고 하는데, 그보다 사람관계에서 찌르듯 아픔 독이 되는 일이 얼마나 많은가. 독풀에서 뿜어대는 맹독보다도 몇십 배나 쓰디쓰며, 가슴을 찢어놓는 깊고 긴 사랑의 독 같이 말이다.

사실 독毒은 독이지만, 약藥이 된다는 사실은 정말 아니러니 다.

6. 석양을 보는 시각

언제나 해지는 석양의 모습은 숭고하다. 시선이 멈추는 그 풍경은 어느 누구에게나 평온한 시간을 의미한다. 그런 하루가 지기까지 세상 여러 곳에서 숱한 사건이 일어나고 지는 순간이니 말이다. 어느 누구에겐 그저 그런 평범한 날이었지만, 어떤 이에겐 그야말로 피를 말리는 고통의 순간이 지나가는 순간일 수도 있다. 이렇게 지나는 하루해는 어느 누구에게나 이미 지난 과거로서, 무사한 하루에 대해 그저 감사한 마음만을 보낼 수밖에 없는 시간이기도 하다. 오늘도 모두 이렇게 무사하지 않은가. 세상 사람들 모두에게 공평한 것 중에 하나가 하루라는 시간이고, 또 하나는 태어난 이상 반드시 죽는다는 사실이다. 하루와 한 평생의 단어는 달라도 그가 지니는 의미는 결코 다르지 않을 것이다. 그런 의미에서 시간과 죽음은 누구를 막론하고, 상관없이 하루와 한평생은 동일한 시간으로 주어지는 가장 공평한 진리이다.

어느 한 때, 중병에 몹시도 아프던 시절이 있었다. 병고病苦로 인해 통증이 지나가는 시간의 속도는 십 분이 하루같고, 한 시간이 일 년같이 견디기 어렵다. 고통의 시간은 진땀이 비질거릴 정도로 사람을 바짝 긴장시킨다. 고통을 참는 것은 고문을 참는 것이나 다름없다. 그것도 기약없는 고통이란, 정말로 막막하고 두려운 것이다. 누구도 해결할 수 없이 오롯이 환자 혼자서 감당해야 할 몫이다. 그런 시간을 지나고 나면 예방주사 맞은 것처럼 웬만한 고통쯤은 감내할 수 있게 된다. 그 고통이 축척되면 고통이 없는 세상에 대한 고마움을 안다. 그래서 꽃을 피우는데 물과 햇빛뿐만 아니라, 가끔은 태풍이나 번개. 천

둥도 필요하다는 생각을 하게된다. 따라서 세상은 경우에 따라 약이면서 독으로 섞여있어서, 잘 구별 할 수 없다. 생각해보면 이곳에도 변증법辨證法은 존재한다.

어스름한 시골길에
길 한가운데 머뭇대는 들꽃 한 송이
길을 막은 게 아니라
발이 박혀 가지 못한다

저,
꽃 한송이 피는 동안
저,
꽃이 지는 동안
나도
저 꽃처럼
피고
진다

찬란한 만개를 접고

향기없는 들꽃이 되어

발이 묶인 그대

뜨거운 길 위에 멈춰 가지 못하는

저 꽃을 보라

이젠

그도 나도 가지 못한다

저 꽃이 질 때까지

— 함동수, 「저 꽃이 질 때까지」 전문

어느 가을날, 퇴근길에 황당한 길 막음이 나를 당혹스럽게 한다. 하루 시간을 보내고 지친 몸으로 보금자리로 돌아가야 할 바쁜 시간에 국도國道를 막고 선 저 여인은 대체 누구인가. 그러나 힘겨운 노동을 마치고 돌아가는 퇴근길이었지만, 그 순간 모두 숭고한 마음으로 길에 발을 묻었다. 들꽃을 한 움큼 꺾어들고 서서 길을 막은 저 여인의 머리 모양도 들꽃처럼 부스스 하얀 꽃이 피었다.

그녀 나름대로는 기를 쓰고 발을 들어 내딛어도 도로 그 자리에 놓는 저 황당한 제스처를 보고, 어찌 기다리지 않을 수가 있을까. 한때 꽃처럼 아름다웠던 만개滿開를 접고, 햇빛에 허물어지고 스러지는 천리天理를 저 꽃도 도리가 없었을 것이다. 인생무상人生無常이고 제행무상諸行無常인 것이다.

인생이나 우주의 본질은 결코 상常한 것이 없고, 변하지 않는 것이 없다는 주역周易의 이론과, 베르그송의 변화는 존재하지만 변화하는 것은 존재하지 않는다는 얘기가 닿는다. 그러니 이 어둑한 저녁 무렵, 저 여인도 흐리게 변해가는 것이 당연하다고 생각해야 할 것이다.

그런데, 그녀를 보는 순간, 어느 퇴근길에 아이 업고 쩔쩔매는 작은 여인을 보고, 어머니와 겹쳐 떠올라 한동안 마음이 아팠던 기억이 떠오른다. 지금 이 길을 막고 선 저 여인, 또한 끝내 사랑을 뿌리치고 돌아선 그녀와 혼란을 일으키는 이유는 무엇인가. 지금, 저 여인이 바로 그녀인가?

저 허술하게 허물어져 가는 저 모습이 곧, 나의 모습이 아닌가. 냉정하던 가슴은 가을 햇볕에 달아오른 아스팔트처럼 점점 뜨거워진다. 아지랑이처럼 아롱거리는 저 그림자는 좀처럼 시야를 벗어나지 못한다.

어쩌면, 지금 저들은 결국 나와는 상관없는 여인들인데, 내 기억의 주위를 떠도는 치명적인 환상에 움직일 수가 없다. 사랑은 끝나도 연민은 남는다는 생각이 온통 휘감는 저녁 퇴근길이다.

그리곤 그녀는 -

저,

꽃 한송이 피는 동안

저,

꽃이 지는 동안

나도

저 꽃처럼

피고

진다

그녀가 사라지기 전까지는, 저 한 생生의 아름다운 꽃이 피고 지는 아득한 시간 동안, 나도 피고 지는 동시발현을 꿈꾼다. 꽃이 한번 피고 지는 동안의 시간, 그 시간이 바로 신神이 정한 시간이다. 한계를 넘어서서 인간이 간섭할 수 없는 성역이며 창조의 바탕이다. 그러나 어쩌면 더 근원적인 빅뱅이나 진화의 범주일 수도 있다. 어쩌면 그 신神도 시간 범주내에서 현존하니까. 종교 개념은 그렇다 해도, 인간의 시간에 신神이 들어와 저지른 우매한 인간끼리의 폐악은 또 얼마나 많은지.

그런 것들까지도 모두 포함해서 '피고 지는 꽃 한송이의 섭리'가 곧 우주의 비밀이다.

향기없는 들꽃이 되어
발이 묶인 그대

스스로는 이 부분에 대해 대단히 상기되어 과거와 미래

를 횡단하며, 긴 거리를 왕복하는 상상의 길을 다녀왔다. 설령 들꽃이라고 왜 향기가 없겠는가

그러나, 적어도 발이 묶인 그녀에 대해선 나의 축적된 과거의 상상이 튀어나와 처참하게 변해버린 그녀를 만들어내고 싶었는지 모른다. 시간의 흐름에는 무쇠도 아름다움도, 미움도 그리움도, 심지어는 사랑도 변한다는 위안을 발이 묶인 그녀에게서 찾고 싶은 것인지도 모른다. '향기없는 들꽃'이 바로 그 지점이다.

석양에 발이 묶인 풍경은 곧, 나와 관계에 있던 이들의 풍경이다. 어머니에 대한 연민, 떠나가 버린 첫사랑에 대한 시간과 공간을 담고있는 상상력의 배경이다.

이젠

그도 나도 가지 못한다

저 꽃이 질 때까지

누구나 그 소실점에 다가서는 피안彼岸의 풍경과 맞닿

을 시간까지, 그도 나도 가지 못하고 '저 꽃이 질 때까지' 기다린다. 때론 기다림이 있을 때처럼 행복할 때도 없다. 열정의 한때 골목길에서 한없이 기다리던 것처럼, 나는 노을이 지는 인생의 한가운데에서 행복한 순간을 보내는 지도 모른다.

길을 막은 그대여! 부디 서둘지 말고 지나가시라. 그대도 나도 언젠간 만나야 할 사람들. 나는 당신이 이곳에서 어려운 시간을 지나는 것에 대해, 오만한 아량이 아니라 사랑하는 사람에 대한 은유를 생각하면서 조금도 불편함이 없도다. 그대가 오늘 행복한 시간을 선물해 주었노라.

7. 참회에 대해

참회懺悔는 사뭇 종교적이다. 인간이기에 살아가면서 알게 모르게 오류나 잘못된 일들을 지나게 된다. 이러한 일들이 스스로의 양심에 비추어 자책감을 갖는 일에 대해서는 반성하고 뉘우치는 것이 타당하다. 문제는 그 일이 스스로의 판단에 참회를 할 만한 일인가 하는 기준이다. 그것은 법적인 문제를 떠나, 전적으로 개인 양심에 관한일일 것이다. 참회는 그야말로 뉘우칠 참懺, 뉘우칠 회悔로서, 자기잘못을 깊이 깨닫고 눈물을 흘리며 뉘우치고 반성하는 행위를 말한다. 그러나 일반적으로 건강하게 사는 시민이라면, 그렇게 참회할 일이 그다지 있을까. 그러나 종교적인 의미가 아니더라도, 소소하게 오해나 곡해로 인해 마음에 걸리는 일들이 얼마나 많은가. 그래서 이런 일들을 모두 거둬서 한꺼번에 해소하고 싶은 마음이 왜 없겠는가. 그런 것들을 모두 참회 범주라고 한다면 나도 참회 할일이 많다.

저명인사들 중 우리 민족시인 윤동주는 1월 29일에 창씨 개명를 신고했다. 그런데 이 '1942년 1월 29일'이란 날짜는 반드시 그의 시 「참회록」은 1942년 1월 24일에 썼다. 그가 창씨 개명계를 신고한 날로부터 닷새 만에 쓴 「참회록」은 다음과 같은 고백으로 시작한다.

> 파란 녹이 낀 구리 거울 속에
> 내 얼굴이 남아 있는 것은
> 어느 왕조의 유물이기에
> 이다지도 욕될까.

나는 나의 참회의 글을 한 줄에 줄이자.

— 만 이십사 년 일 개월을

무슨 기쁨을 바라 살아왔던가.

내일이나 모레나 그 어느 즐거운 날에

나는 또 한 줄의 참회록을 써야 한다.

— 그때 그 젊은 나이에

왜 그런 부끄런 고백을 했던가.

밤이면 밤마다 나의 거울을

손바닥으로 발바닥으로 닦아 보자.

그러면 어느 운석 밑으로 홀로 걸어가는

슬픈 사람의 뒷모양이

거울 속에 나타나 온다.

— **윤동주, 「참회록」 전문**

제목부터가 참회록이니, 내용은 그야말로 참회다. 그러나 참회는 그 마음 바닥이 깨끗해야 때가 낀 줄을 안다. 시인 윤동주는 누구나 일제치하를 살기위해 했던 것처럼 창씨개명을 한 것이지만, 부끄러움으로 참회를 한다. 두고두고 부끄러움에 그 때를 벗기기 위해 밤이면 밤마다, 손바닥 발바닥으로 녹슨 구리거울을 닦는다. 속죄는 거울속에 낀 때처럼 나의 잘못을 참회한다. 과거의 젊은 나를 부끄럽게 느끼며, 현재에 나를 내세워 속죄하는 윤동주시인의 참회록은 그래서 참신하다.

한편 아우구스티누스의 고백론은 그가 죄인으로 살았던 젊은시절 기독교로 개종하기 전의 죄 속에서의 방황했던 삶에 대해 고백하고, '생의 전환' 부분이 핵심적인 부분으로, 마니교로부터 완전히 벗어나 기독교로 개종하는 바로 그 고백론이다.

아우구스티누스는 인간 행태에 대한 경험적, 자기성찰적 분석을 통해 인간이란 또는 인간의 육체란 스스로 욕망의 늪에서 헤어나오지 못함을 깨닫고, 우리가 죽음에서 벗어나기 위해서는 하나님의 인도를 받아야한다고 말한다.

아우구스티누스는 시간을 동일한 선상에 놓고, '과거는 기억 속에 존재하는 현재이고, 현재는 직관 속에 존재하는 현재이며, 미래는 기대 속에 존재하는 현재'라고 말한다.

그에 비해 나의 참회는 종교도 아니고, 민족적인 문제도 아닌, 소시민의 참회문은 불경에서 찾아온 최소한의 고백이다. 곁에서 수년간 지켜본 친구가 글씨를 써준 것이 결국은 '씻어 말리듯이 속 비우는' 마음 비우기다. 허긴 세상의 모든 문제가 조급한 마음에서 시작하여 뒤틀리며 진행되는 인간사 아니던가. 그래서 마음으로부터 흉흉해져 분노와 성냄, 그리고 원망이 곳곳에서 일어난다. 길지 않은 인생사 좀 더 느긋하게 걸어도 되는데, 다들 그렇지 못한 것이 탈이다.

그래서, 그의 표현을 따르자면 제척除滌이란, 마음의 깨끗하게 찌꺼기를 씻어 빨아 말리듯이 내버리라는 말이니, 그야말로 마음 구석구석의 모든 욕망을 내려놓으라는 충고이다.

> 불투명하고 혼탁한 세상 방앗간 겨 묻듯이
> 둥글게 살아가는 이치로 알고 분노심에 성내거나
> 원망하여 가슴에 불붙여 강간和姦 하지 말라고
>
> — **함동수, 「참회문 除滌」 부분**

이 시詩 중 바로, 이 구句가 제일 와 닿는 부분이었다. 이처럼 내 스스로 마음속에 깊이 써놓고 속죄하고 있으니, 이미 남은 생의 갈 길은 정해진 것이나 다름없다. 이처럼 '분노심에 성내고 원망하여 가슴에 불붙여 화간和姦하다가 화禍가 간肝에 스며들어 제척除斥당할 뻔했'다. 그 길은 나와 온 가족이 함께 수렁을 헤맨 시간이었다. 그렇게 중환자로 5년간 인생살이에서 제척除滌당하며 겨우 살아 난 적이 있었으니, 난생처음 참회록으론 처음이고 마지막이길 기대한다. 지나고 나면 모든일이 어리석고 우둔하기 그지없다. 우리가 사는 인간사가 매번 그렇게 실수투성이다.

씻어 말리듯이 속 비우고 투명하게 살라고
필력이 대단한 서예가 친구가 며칠을 고심 끝에
고르고 골라 써준 대 참회문* '除滌'

지극한 마음으로 내가 저지른 모든 죄 참회하고
분노심으로 인한 악연 끊어 진정한 어리석음에서
벗어나라고 일러준 대 참회문을 잊고 살아온 죄로
禍가 肝에 스며들어 除斥당할 뻔했는데

불투명하고 혼탁한 세상 방앗간 겨 묻듯이
둥글게 살아가는 이치로 알고 분노심에 성내거나
원망하여 가슴에 불붙여 和姦하지 말라고
아직도, 우리집 내실 벽에 우뚝 걸려 있는 除滌은
수호신같이 수시로 나를 노려보며 버려라 버려라,
모두 버리라고

* 불교 대참회문

— **함동수, 「참회문 除滌」 부분**

3부

일상이 천국이다

1. 소음에 살다

언젠가부터 우리는 장소를 가리지 않고, 두루 소음에 고통을 받으며 살고 있다. 가까운 일로 층간소음으로 인해 분쟁이 일어나고, 심지어는 폭력과 살인까지도 일어난 일이 다반사였다. 그래서 이제는 거주 지역도 강을 끼고 있거나, 숲을 주변에 두거나, 조망이 잘되는 주거지가 각광을 받고 있다. 이 모든 현상이 소음 때문에 일어나는 현상이다. 인간도 쉴새없이 소음에 노출되면 착란을 일으킨다.

환경관리법 중에 소음진동 관리법에 “제1조(목적)의 이 법은 공장 · 건설공사장 · 도로 · 철도 등으로부터 발생하는 소음 · 진동으로 인한 피해를 방지하고, 소음 · 진동을 적정하게 관리하여 모든 국민이 조용하고 평온한 환경에서 생활할 수 있게 함을 목적으로 한다.”고 명시하고 있다. 이것이 최소한의 쾌적한 주거환경을 위한 관련법이다. 이와같이 주로 소음의 영역은 인간의 가청주파수인 20~2만 헤르츠Hz 범위의 주파수범위내에서 소리를 말한다. 이 주파수를 벗어나는 소리는 사람들의 귀에 들리지 않는다. 사람이 상대의 말을 알아들을 수 있는 회화 음역은 250~2000Hz 정도고, 또한 사람마다 차이가 있어서 고주파 쪽으로 갈수록 어린아이들이나 들을 수 있다. 그러니 소음이란 이 주파수 대역을 관리한다는 것인데, 주요 핵심은 ‘국민이 조용하고 평온한 환경에서 생활하게’라는 게 주 목적이다. 노자는 고요함이란 뿌리로 돌아가는 것, 즉 귀근歸根이다. 모든 것이 뿌리로 돌아가면 고요해지는 정靜이니, 정靜은 무위無爲일뿐 아니라, 불욕이정不欲以靜이라.[2]고 한다. 그러나 세상 인간들의 욕심 때

2) 임헌규, 『노자의 도덕경 해설』2005. 철학과 현실사.

문에 고요할 수 없으니, 이를 규제하는 '환경관리법'까지도 생겨났다.

따라서, 우리 주변 곳곳에서 최소 생활하는 데 불편함이 없을 정도의 소음과 진동을 통제하고 관리하기란 얼마나 어려운 일인가. 집 내외에서 수많은 매체로부터 쏟아져 들어오는 각종 광고와 전화벨소리, 카톡의 똑딱거리는 소리까지 소음 속에 산다. 간혹 이른 아침에 짹짹거리는 새소리도 측정을 해보면 소음한계치를 넘는 경우도 있으나 한시적으로 아침을 깨우는 소리라는 인식으로 그것을 소음이라고 느끼는 사람은 드물다. 모든 것이 과잉으로 터져 나오는 이 복잡다단한 환경 소음을 동물의 일부인 인간들은 견디기 어렵다. 따라서 이런 소음과 진동으로 일정한 시간을 보내면 청각에 문제가 생겨 평소 대화 때, 상대방의 말소리가 잘 들리지 않고 자신의 목소리도 점점 커지며, 말귀를 못 알아들어 되물어 보는 횟수도 늘어난다. 이는 결과적으로 우울증과 이명耳鳴의 원인이 되기도 하고, 불면증에 시달리는 신경계에 이상이 발생하기도 한다.

그러나 어디 이뿐이랴, 실제 생활소음보다 더 큰 소음에 시달리는 것이 국민을 위한다는 정치인들의 해괴한 거짓말의 소음공해가 더 큰 피해다. '모든 국민이 조용하고 평온한 환경에서 생활할' 수 있게 만든 환경법이 이들의 허언虛言에 대해선 해당법규 영역외의 사항이라 통제 할 길이 없는 모양이다. 실제 소음으로 국민을 밤낮 괴로움에 시달리게 하는 목불인견目不忍見의 소음에 대해서는 어떻게 해결해야 할까. 과연 그들이 되거나 말거나 떠들어 놓은 헛소리가 얼마나 많은 국민을 괴롭히고 있나. 또한 그들이 쏟아놓은 장광설은 실용에 닿지도 않는 달콤한 감언甘言이 얼마나 많던가. 시간이 지나고 나면, 쓸 만한 얘기는 별로 없는 잡음雜音이었다. 이것이 바야흐로 정치 지도자란 자들의 허언虛言이고 잡음雜音이 아니던가.

진딧물이 말라붙는 소리일거야

개미들이 한바탕 소동을 벌이는 비명일거야

마디가 뼈를 세우고 줄기들이 붙잡아도

바람소리 윙윙거리는 풀 속은 숨이 찰거야
내 몸에서 나는 비명은 이명耳鳴처럼
들리지 않는 몸부림인데
바람이 흔드는 울림을 어찌하라고

풀숲의 기다란 키는 어쩔 수 없어
나도 울고 싶지 않은데
바람이 흔드는 걸 어쩌라고

— **함동수, 「소리쟁이」 부분**

소리쟁이처럼 바싹 말라 바람에도 바삭이는 소리는 가을의 풍경이다. 잎 피어 꽃 진후에 맨몸으로 휘청거리는 가을녘에나 볼 수 있는 광경이다. 왕성한 풍요를 지나, 자연의 순환에 따라 낙엽으로 흔들리는 울림은 어쩔 수가 없는 일이다. 그 소리는 자연스레 계절이 몰고 온 풍성한 가을이 도래한 결실의 신호이기도 하다. 아마도 제자리에서 바싹 마른 소리쟁이의 '바람이 흔드는 울림을 어찌하라고''바람이 흔드는 걸 어쩌라'는 울음이 김수영의 바람에 흔들리는 풀과 같은 존재가 아닌지. 소리쟁이의 은유가 바로 우리들의 처지다. 또한 김시인은 “내가 소음을 들을 때 소음을 죽이려고 요설을 한다고 생각해 주기 바란다. 시를 쓰는 도중에도 나는 소음을 듣는다. 한 1초나 2초 가량 안 들리는 순간이 있을까. 있다고 하기도 없다고 하기도 말하기 어려운 문제다. 이것을 말하면 '문학'이 된다.”고 시작노우트에 적었다. 시작詩作에 대한 자기 집중이다.

그런 의미로 아직도 풀이나 소리쟁이에게 거세게 흔들어 대는 바람을 알고 보면, 우리들의 손으로 뽑아놓은 공복公僕에 불과한데, 어느새 그들은 무엇을 먹고 자랐는지 우리키를 훌쩍 넘어 위에서 군림하고 있다. 또한 시야를 넓혀 극동아시아를 보더라도, 근래 더욱 바람소리 윙윙거리는 한복판에 서있는 우리의 처지 또한, 소리쟁이의 울음처럼 사납게 요란하다.

들리되, 들리지 않는다

조용할수록 뚜렷한 귀뚜라미 울음소리

귀뚜라미는 시끄럽지만, 시끄러울 땐 들리지 않는다
그는 상대 음감을 가졌다

절대 고요에서 들리는 또 하나의 소음
고요는 차라리 살인자다
끊임없이 지르는 귀뚜라미 소리처럼
비는 계속 내린다

빗길을 타고 주춤거리는 시간에
들리는 것도
들리지 못하는 것도
고요한 잡음이다

— **함동수, 「소음을 받다」 부분**

이명耳鳴엔 쓸데없는 빗소리나 귀뚜라미 소리, 또는 색다른 백색소음등이 지속적으로 달려드는 현상이다. 쉴새없이 들려오는 잡음이 실재하진 않지만, 본인에겐 지속적으로 밤낮을 가리지 않고 달려드니 정신병자가 될 지경이다. 원래 해당법규엔 주간소음 65데시벨 이하로 되어 있지만, 트럭이 한 대라도 지나치면 기준치를 훌쩍 넘어버린다. 더구나 야간소음은 50데시벨이니, 정온靜穩시설인 주택가는 실제로 고요해야 심신이 안정되어 살 수 있다. 그것이 '국민이 조용하고 평온한 환경'이 될 것이다.

그러나 이명耳鳴은 밤낮없이 귓속에서 울려대는 소음으로서, 사실상 대안이 없다. 이명耳鳴을 앓고 있는 사람들은 그야말로 자신과의 소음전쟁을 25시간 하고 있는 셈이다. 실외의 소음과 귓속의 소음이 합쳐지면, 아마 혼란의 시간은 실로 엄청난 고통이 아닐 수 없다.

근래 영국대표작가 줄리언 반스Julian Barnes는『시대의 소음』이라는 소설을 써서 상당한 인기를 구가하고 있다. 그가 말하는 소음은 억압당하는 정치적 소음에 대해 고발하는 내용이다. 스탈린 정권의 눈 밖에 나 음악을 금지당하는 것은 물론, 가족 앞에서 끌려가는 것만은 막으려고 집을 나와 매일 밤을 층계참에서 지새우고, 대숙청이라는 이름 아래 블랙리스트에 오른 친구와 동료들이 은밀히 사라져가는 하루하루, 루쉰의「아Q정전」같은 암흑의 시대를 말한다. 생각해보면 우리에게도 익숙한 광경들이다.

이 부분도 우리의 시대적 소음이라고 명명命名한다면 적절한 표현으로 이해 될 것이다. 매사가 정상적이지 않고 비밀스럽게 뒷거래로 이루어지는 비정상적인 집단의 상태도 부정적이고 비극적인 소음이다. 얼마 전까지도 동남아시아나 극동에서 이와같은 낙후된 정치적 사례가 얼마나 많았던지. 또한 일부 동구에서도 비극적인 소음의 시대가 '귀뚜라미 소리처럼' 울리다 사라진 역사의 주범들이 많았다.

시대의 소음은 이러한 시대를 살아가는 우리들의 건강한 청력을 위해서라도, 제거되고 치료되어야 할 잡음이다. 잡음이 많을수록 생생한 목소리는 감추어지고, 어설픈 헛소리들만이 메아리치면 귀청이 떨어져 견딜 수 없다. 이 엄청난 소음에서 해방되는 노력과 더불어 '국민이 조용하고 평온한 환경에서 생활할 수 있게' 소음방지는 요원한 것일까.

2. 꿈꾸는 시인

시인은 남이 보기에도 순진하고도, 어설픈 꿈을 꾸는 자일 것이다. 시인에게 꿈이 없다면 마음껏 상상하는 자유의 힘이 없다면, 한편의 시도 지을 수 없을 것이다. 그러니 시인은 밤낮 어설픈 꿈을 꾸며 산다.

그러다 보니, 징그럽게도 벌써 이순耳順이다. 이쯤이면 모든 것이 익숙할 때도 되었을 텐데, 그러나 나는 지금도 밤새 꿈꾸느라 아침이 피곤할 지경이다. 꿈꾸는 일이 해로울 일은 없을 지라도, 잠을 설치는 일은 그리 반가운 일은 아니다. 또한 아침에 괜히 아내에게 꿈 얘기를 하면 철

없다는 소리나 듣게 되니, 그 또한 반갑지 않다.

무슨 꿈이든 그것은 상상想像 세계이니 별일이 다 생긴다. 어느 때엔 꿈속인지, 상상속의 시를 쓴 건지, 구분이 안가는 혼돈混沌의 아침도 있다.

꿈은 분명 이루지 못할 헛것일 뿐인데, 그런데 꿈속에서도 현실과 구분이 어려워 그 긴장으로 호흡이 빨라진다. 꿈은 어릴 때처럼, 지금도 수없이 찾아온다. 나도 요즘 그 이유가 궁금하다.

어린 초등학창시절, 난데없이 마귀할멈이 밤마다 찾아와 괴롭히는 나날이 있었다. 밤새 그 무서운 마귀할멈에게 허겁지겁 좇기느라 진땀을 흘릴 지경이었다. 아침에 깨어도 생생하게 솟아오르는 무서운 공포 때문에 학교에 가서도 우울해서 도망칠 궁리만 했다. 며칠을 시달리다 보니, 내게도 오기가 생겨 '좋다. 오늘밤에 또다시 오면 죽기로 달려들어 결판을 내리라' 단단히 각오를 다지고 잠들었는데, 어김없이 달려드는 마귀할멈을 보고 다져온 전의戰意가 생겼다. 이젠 도망도 지쳤거니와 매번 좇겨 다니는 것에도 자존심이 상해 죽기 살기로 덤벼들었더니, 아니 웬걸, 마귀할멈이 사라지는 것이 아닌가. 정말 이상하게도 그 다음날부터는 말끔하게 사라졌다. 역시 마귀할멈은 밖에 있었던 것이 아니었다. 그때쯤이면 누구나 겪는 성장통이었을까? 공포는 나로부터 시작되고 나에게서 끝이 났다.

처음부터 마귀할멈은 없었던 것일까. 마귀할멈은 한동안 내 마음과 머리속을 지배하는 두려움의 존재이었는데, 이제보니 보이지 않는 것에 대한 두려움이나 상대의 파괴력을 과대 상상하여 지레 겁을 먹은 것은 아닐까. 그러나 승률이 다 있는 것은 아니지만, 마귀할멈처럼 세상을 지나려면 모든 상대는 일단 현실이든 환상이든 죽기 살기로 붙어봐야 그 위력을 확인할 수 있다는 사실이다. 그것도 생사를 걸고 말이다.

또 하나 꿈 이야기는 청년기에서 부터 가끔 잊을만하면 겪는 악몽인데, 평온한 일상에서 갑자기 어떤 사소한 일에 개입이 되면서, 살인 범죄자로 몰려 끝없는 도망자로 좇기는 신세가 되는 스토리story다. 우선은 의도하지 않은 실수로 살인 범죄자가 되었다는 사실부터가 스스로 환장할 노릇이다. 믿을 수 없지만 주변 인물들이 위로한답시고 '어쩔 수 없는 일이었다'고 거든다.

스스로도 확신이 서지않아 밤새 지인들을 찾아다니며 묻고 또 묻고, 변명을 할 수 록 스스로에게도 혼선이 생겨 혹시 '정말 내가 살인을 한 것일까' 하는 의구심으로 맹목적인 도주를 한다. 현실에서도 이 같은 질문을 반복하면 이렇게 혼선이 올 것도 같다. 어디선가 읽은 기억이 있는데, 범죄 수사搜查 기법에서도 같은 내용을 계속 반복 질문하면, 나중엔 본인도 혼란이 생겨 스스로도 진부를 확신할 수 없는 혼돈混沌상태가 된다는 얘길 들은 적이 있다. 반복학습의 병폐가 이렇게 무섭다. 마치 들뢰즈의 저항、탈주、소수파적 몸짓들 등처럼, 전쟁기계, 국왕들에 맞선 유목민들과 온갖 물리적인 것들에 맞선 '체계'로부터 탈주하는 상황인 것처럼 말이다.

끊임없이 좇기는 도주의 상태는 저지르지도 않은 살인 누명에 대해, 변명도 통하지 않고, 끊임없는 질문과 대답 중에서 스스로 자기 확신을 가지는 아이러니 속으로 빠져들며 세뇌洗腦 된다. 이는 마취상태처럼 혼란이며 카오스다. 반복이 확신을 가져오는 고문이 밤새 계속되는 불면의 밤이 지나간다. 지금도 궁금한 것은 그 마귀할멈은 왜? 무엇 때문에 끈질기게 좇아 오는가.

좇기는 상정에서 살인은 상상의 수단일 뿐인데, 어쩌다 휘두른 몽둥이에 맥없이 쓰러진 까마득한 기억 속으로, 너는 범죄자란 시그널을 수없이 보내는 협박은 본능적으로 끊임없이 도주케 한다. -

이 도주는 잠깨어 현실로 돌아온 뒤에도 자신을 스스로 의심할 만큼 치명적이다. 철저한 자기방어기제가 작동하는 것인데, 밤새 이어지는 도주는 아침이 피곤하다. 그런데 이런 꿈이 나를 잡아가두는 시련을 생각해보면서, 그래도 나를 바로 세우려는 수호신이라도 존재하지 않는지 안도한다. 너의 착한 본질을 벗어나지 말라는 선善이 본성으로 자리 잡은 것이라 자위하며 산다.

또 하나의 현실이 되어버린 어느 날 꾼 꿈은 상황이 흉하게도 적중했다. 그 이후 나날이 아주 치명적이었다. 그 시에는 예언이 담긴 것처럼 나를 중병으로 몰고 갔다. 그 꿈의 상상의 무게는 두고두고 만만치 않았다. 장장 5년간 그 은유의 협박에서 꼼짝을 못하고 쩔쩔매며 명命을 구걸했으니 말이다. 이 경험은 믿을 수 없는 현실이었으며, 그 꿈은 이렇게 시작 되었다.

구멍이 숭숭 뚫린 마룻바닥에
머리를 숙여 꿇어 앉아있다
목사의 기도소리가 막 끝나가고 숙였던 머리를 들어
앞을 보니
나의 마지막을 지켜보려는 교도관들이 굳은 얼굴로
열 지어 앉아있다.

시간은 오전11시40분
그들은 서두르고 있었다
퍼뜩, 뭔가 써야겠다는 생각에 연필과 종이를 달래고

나는 또 엎드렸다
종교잡지 한 쪽에 써봐야 그저 그런 소릴
허둥대며 써대고 있다

종잇장 같은 시간에 쓰는
미련의 손발 짓이 가련하다

2003년 2월* "오늘이 며칠이죠?"
"29일!"
29일이라고 쓰고 사인했다
누구에게 보낸다는 수신인도 없이
명멸하는 목숨을 위하여

두건을 씌우고, 목을 컥컥 누른다
컥 컥 컥…….
내 목을
내가 누르고 매달며

나의 죽음은 아직, 끝나지 않았는데

나는 아직 죽지도 못했는데

언제나처럼 마누라는 쇠 찬 소리로

벼락같이 잠을 깨운다

* 생각해보니, 이 날쯤에 중병은 나를 찾아 왔다.

— **함동수, 「마지막 시간」 전문**

근래에 나도 이 시구를 다시 자세히 검토해보곤 깜짝 놀랐다. 같은 시를 여러번 읽고 찾은 부분이지만, 위 시에서 거론한 '2003년 2월 29일'은 사실 실제 달력엔 없는 날이었다. 허수虛數인 그날 나는 현실처럼 사형하는 꿈을 꾸는 기억을 더듬어 시를 써놓았다가 시집으로 묶은 것인데, 그러곤 줄 곳 5년간 생사를 넘나들었다. 다시 생각해보면, 세상에 없는 날에 죽음이란 주역周易에서도 허수虛數이니, 실제 죽을 사람은 아니었던 것이다.

정말 놀라운 체험이 아닌가. 비극이었지만 나의 운명은 어느 신의 도움으로 비켜 나간 것이다. 과연 이쯤이면 과연 이것이 꿈일까, 생시일까, 다시한번 생각해보아도, 그날 아침 아득한 언덕에서 잠을 깨워준 마누라가 진정 구세주다.

그래도 가끔은 본성은 수컷이라고 애잔한 사랑의 여인도 수시로 찾아온다. 그런데 꼭 한 여인만 찾아오는 것도 아니다. 시간과 공간을 넘나들며 그저 마음에 두는 여인이 아니더라도, 분별없이 나타난다. 그런 게 개꿈인데, 이런 날이면 괜스레 아침부터 배시시 웃음이 배어 나온다. 아직도 정기精氣가 왕성하다는 뜻으로 꿈속에서나마 신나는 바람기니 누가 알리도 없다. 그저 나 혼자 이리 저리 마음에 두었던 이들이 나타나 주니 심심치는 않으나, 그 다음이 문제다. 혼자 괜스레 싱숭생숭해서 묘한 상태로 속마음이라도 들킬까 부지런을 떤다. 평소 내심 흠모하지 않은 여인들도 등장하는 것이니 만큼, 그렇게 호기심이 있는 것은 아니지만, 가끔은 그들의 행방이나 지금의 모습이 정말 궁금하기는 하다. 아직도 이처럼 봄바람이 들고나는 청춘이니, 징그러운 이순耳順에도 살만하지 않은가. 항상 몽상夢想은 삶의 활력이 된다고 믿으며 살아간다. 그래야 남은 생이라도 간신히라도 버틸 수 있지 않겠는가. 앞으로는 부디 길몽이 꾸어지길—

3. 전환의 시대에 서서

정유년 새해 아침에 산을 오르며 조용히 생각해보니, 요즘 근래 국내외로 번잡하게 회자되는 여러가지 엇갈림에 대해서 갑자기 '역사의 수레바퀴는 그냥 예삿일로 흐르지 않는다' 생각이 든다. 그리고 위기의 역사는 항상 다가오는데, 그 어려움을 이겨내는 능력은 면역되지도 않아서 다가오는 위기는 끝내 어려움으로 남는다. 유쾌하지 않은 불길한 느낌은 '우리 민족이 또다시 어려움 속으로 들어는구나' 하는 예감이다. '아무래도 심상치 않지, 아무래도 그냥 넘기는 힘들지'하는 생각이 자꾸 발을 잡는다.

특히 요즘 한반도를 둘러싸고 일어나는 일련의 대 내외의 엇나가는 여러 가지 사건과 현상들을 보면서, 또다시 어려움을 불러들이는구나. 더구나 몇 년 사이엔 한반도를 둘러싼 심상치 않은 열강列强들의 흐름이 여름철 날씨처럼 수시로 들고나는 것을 보면서, 신경이 날카롭지 않을 수 없다. 더구나 내치內治에 충실하지 못해, 온천지가 무력시위와 법질서라는 상반되는 힘이 작동하는 사태를 보면서, 무언가 심상치 않은 일이 다가오고 있는 것 같다는 불길한 생각이 아침을 흐린다.

이렇듯 망국亡國의 시간은 순차적으로 오지 않고 한꺼번에 물밀듯이 순식간에 들이닥치는 역사를 우리는 여러 번 목격했다.

더구나 극동아시아에서 한반도는 어디를 가든 꼭 지나쳐야하는 지정학적으로 중심에 서 있다 보니, 젖과 꿀이 흐르는 가나안땅처럼 탐욕스럽게도 주변의 열강들은 끊임없이 검은 손을 뻗친다. 그것이 한반도의 지리적인 특성이 그렇다 할지라도 열강들이 힘없는 반도를 제멋대로 갈라놓고, 필요에 따라 자의적으로 해석하는 버릇은 지금이나 100여 년 전이나 다를 게 없다.

그간 우리의 역사가 이렇게 지지부진하며 세월에 묻혀 지나다가 화禍를 당한 게 한두 번이 아니다. 그러나 우리는 조선 개화기인 1700년대부터 서구 열강들의 개방및 수교 요구가 빗발치던 시기와 더불어 내부적으로는 여러 선각자들이 수시로 개혁을 부르짖었지만, 끝내 1910년 경술국치庚戌國恥를 맞았던 아픈 역사를 가지고 있지 않은가. 어느 때나 시대의 변화를 제대로 읽지 못하는 사회나 국가는 끝내 몰락한다는 교훈이 요즘 들어서 환하게 떠오른다.

때는 바야흐로 또다시 열강들의 각축이 벌어질 만큼, 극동아시아에서 방아쇠가 달궈진 것도 사실이다. 조선 말末처럼 여전히 우리 주변은 강하고 제국주의에 빠진 열강들이 수시로 밀고 당기며, 점점 군국주의軍國主義에 빠져 한반도를 쥐락펴락한다. 거기에 북에는 그들보다 더 포악한 무력 집단이 버티고 앉아 수시로 협박을 일삼는 최악의 상황이다. 거기에 내 외치를 감당해야할 중앙정부는 몇 개월째 비어있는 상태이다. 그리곤 서로 이리저리 분열되어 자기들끼리 치고 박으며 싸움질이다. 냉엄한 밖은 이제 쳐다 볼 여유도 없다. 아니 쳐다보지도 못한다.

그보다 끝내, 우리 국토는 외세外勢가 지켜줄 것이란 천박한 생각으로 국민 전체가 미쳐 돌아가듯이 스스로 줄을 치고 들어 앉아 바글거린다. 어떤 의미에서는 우리와 안보 동맹인 그들도 엄밀하게 분석하면 외세外勢다. 그래도 지금은 거기에 목을 맬 수밖에 없는 현실이 암담하다. 아직 어느 것이든 현재로선 자주自主는 부족하다. 지금도 또 그것이 문제다.

그런 의미로 생각하면 100여 년 전, 우리는 왜? 거시적인 안목으로 자신들의 미래를 개척할 수 없었을까. 그저 살아남으려고 발버둥 치듯 여러 줄을 탔지만, 결국엔 이리저리 찢기곤 망국亡國으로 내몰렸을까. 지금도 그 눈물의 아리랑은 끝나지 않았다.

출렁이는 역사의 밑창엔/ 또 다시 넘어오는 더러운 군화발이 보이지/ 이렇게는 안 되지// 언젠간/ 결국엔/ 너의 목에 칼

이 들기 전엔/ 멈추지 못하리// 눈물의 아리랑/ 홀로 아리랑
만으론 안 되지, 이젠/ 둘 중에 하나는 주저앉아야/ 아리랑이
끝나지/

— **함동수, 「홀로 아리랑」 부분**

졸시 '홀로 아이랑'처럼 이젠 대일對日에 대한 문제만도 아니다. 전후좌우 사방이 군사력이든, 경제력이든 강적들強敵 가운데 홀로 앉아있는 형세다. 바야흐로 군국주의와 제국주의가 만연하며 한반도 주변을 둘러싸고 일거수일투족을 간섭하고 있다. 시대는 바야흐로 이성이 마비되는 혼란과 광기가 판을 치는 비극의 카오스 시대로 도래하는 것 같다.

이젠 한반도를 중심으로 센카쿠(尖閣 · 중국명 댜오위다오)든, 남중국해南中国海든, 쿠릴열도(The Kuril Islands)든, 아니면 어느 공해상이든 이해관계가 상충하는 곳에서 양쪽 지나다 부딪치든, 그 불꽃은 극동아시아 전체로 곧장 옮겨 붙을 것이다. 청일전쟁처럼 타국 군대가 우리 영토에 와서, 또 다시 전쟁을 하지 말라는 법이 어디 있

겠는가. 우리 의사와 상관없이 휘말려드는 21세기 한반도의 불운이 예감이 빗나가길 기대하지만, 그 시련의 시대에 들어서고 있는 것은 아닌가. 강한 자만이 선善이고 부족하고 열등하면 악惡의 편으로 몰려, 절대 양육강식의 막장에 들어서서 허우적거리는 우리 대한반도의 난감한 미래를 예견이나 할까.

그렇다고 이 난국을 헤쳐 나갈 대한호의 깨어있는 선각자가 눈에 띄는 것도 아니다. 그저 도토리 키 재기 같은 잡룡雜龍들만 오글거리는 형세다. 진정 이 민족을 살릴만한 영웅英雄이 어디에도 없는 것인가. 그 누구하나 큰 그림을 그리는 이 조차도 보이지 않고, 쥐꼬리만한 권력과 탐욕만이 온 나라를 뒤 덮는다. 남북문제도 최악으로 치닫는 이 지경에, 타국他國이 우릴 더 걱정하는 어이없는 상황을 백성들은 큰 탈 없이 지나기만을 기대하고 있을 따름이다. 더 나아가 저 흉포한 핵문제가 제대로 힘을 받아 북미北美간에 직거래가 트이면, 우린 곁불 쬐는 신세가 될 것이다. 그런데 온 나라는 박근혜정권의 탄핵과 구속으로 빈자리가 난 대선전大選戰에 정신이 없다. 정말 올

봄은 봄 같지 않다.

그러니 바야흐로 또 난세亂世에 줄타기다. 이런 난국에 당해보니, 명성황후 시대에서도 보았듯이, 어느 한 곳으로 치우침 없이 균형을 맞추는 생존의 한 방법이 될 수는 있다고는 하나, 그러나 결국 그것도 제 혼자 일어서지 못하는 약자에겐 별 도리가 없었다. 그래도 열강들 속에서 이리저리 균형을 찾는 외교가 곧 살길이다. 물론 난국을 헤쳐 갈 훌륭한 지도자는 당연하다. 그러나 국방력이 뒷받침되어 힘을 받는 외교전은 아래위로 눈치만 보는 형세이니 우리의 발언은 모두 허언虛言에 불과하다. 더구나 이젠 안보뿐만이 아니라, 경제와 구원舊怨에 얽혀 움직이는 국제 논리를 탓할 일도 아니다. 따라서 이런 난세에 어느 나라든 힘이 생기면 누구나 한번쯤 도발해 정복하고 싶은 유혹을 어찌 탓만 하겠는가. 비극의 탄생은 우연이 아니라 이렇게 혼잡하게 강약이 섞인 광풍이 몰아치다가 급기야는 오만의 불꽃이 튀기는 것이다.

『거대한 전환』의 칼 폴라니는 이러한 혼전이 거듭되는

복합적이고 시대모순이 충돌하는 두 차례 파국적인 세계대전으로 표출된 것임을 제시한바 있다. 새로운 영역으로의 전환이나 진입은 관련 공동체가 자연스레 전환하는 경우가 없다. 반드시 대가를 치른다. 따라서 지정학적으로나 시대적으로나 한반도에 대해 여러 모순을 한 번에 해결할 수 있는 거대한 담론이 필요한 때이다. 아니, 그런 의식으로 단단하게 무장하여 깨어있는 국민들이 지켜야 한다. 그래서 한반도에 광풍光風이 다가오지 못하도록 역사와 시대정신을 앞세운 혜안과 굳은 의지가 필요한 상황이다. 그런 마음을 한 곳으로 집중해서 모아야 난국을 타개할 수 있다.

우리의 미래를 걱정하는 시민들이라면 습속習俗에 젖어 안온한 일상을 혁명적으로 벗어나야 한다. 굴복 아니면 죽음으로 투쟁해야한다. 우리 모두가 역사적이고 책임있는 혜안을 갖고, 지금이야말로 긴박한 '난국의 시대'임을 자각하면서, 오직 '자강불식自强不息' 정신으로 위기를 맞은 조국을 구해내야 할 것이다.

4. 노동의 대가

노동은 인간에게 무엇인가, 그런 자문자답을 생각해 보면서 이 글을 쓴다.

노동은 인간에게 가장 신성한 의무이자 권리인 동시에 생의 의미를 찾을 수 있는 의미있는 행위인 것은 틀림없다. 따라서 노동은 생의 축복이며, 의미이며 사는 활력의 상징이다. 여기까지만 얘기하면 순진한 것이 아닐까. 노동의의미가 그 정도면, 칼막스의 자본론은 나오지도 않았을 것이다. 그러나 축복이어야 할 노동의 대가에 대해선 자본론이 아니더라도 할 말이 많다. 생산이 없으면 이

익도 없다. 따라서 생산만이 자본의 의미를 상징할 수 있다. 이 더러운 욕망 하나에 얼마나 많은 노동자들의 목숨이 희생됐는가. 그 이익엔 노동자의 목숨 값도 포함돼 있는 것 아닌가.

그러므로, 생산에 따른 상대적인 노동의 대가에 대해서 끊임없이 갈등을 겪는 것은 어쩌면 당연한 일인 지도 모른다. 거기엔 잉여와 이익이라는 달콤한 유혹이 거의 차지하기 때문이다 일부 악덕 사용자가 '덜 주면 이익이다'라는 생각에서 벗어나지 못하면 더러운 갈등은 깊어진다. 특히 그간 3공화국부터 초고속 성장주의에 따른 모든 고통을 노동자들이 감내 해왔다. 그러나 근래에 와서도 부富의 증대와 상관없이 자본가들의 생각은 근대적인 시각에서 전혀 벗어나지 못했다.

더구나 정신 못 차린 일부 사용자들은 노동자를 향해, 쌀이 남아도는 요즘 실정에도 빈자들에게 '밥은 주고 있다'는 것이다. 이 얼마나 황당하고 시대착오적인 망발인가. 10년 전이나 20년 전이나, 지금도 빈들에 서서 미풍에 조차 흔들리고 있는 노동자들의 거친 외침은 점점 더

거세졌다. 노동자의 희생을 발판으로 부富를 축척한 자본가들은 습속처럼 끊임없이 노동자의 희생을 요구해왔다. 지금 이 순간에도 '좀 더 희생해 줄 수 없냐'고 되묻는 뻔뻔함이 사용자의 낯짝이다. 결국 노동은 신성하지도 축복도 아니었다. 치욕스런 밥그릇 하나 때문에 길거리를 떼로 몰려다니는 가시可視 전투력을 보고나서야 겨우 거만하게 협상테이블에 마주 앉는 자본가들이다.

대기업과 부유층의 소득이 먼저 차고 넘치면, 아래로 혜택(이익)이 흘러가 가계소득이 회복된다는 '낙수효과 trickle down effect'라는 정책의 단면만 보더라도, 그들의 시각이 어디에 초점을 두고 있는지 알 수 있다. 그보다 좀 더 배려하는 동행의 의미로 계영배戒盈盃라는 따듯한 시선으로 노동자들과 같이 할 수는 없었을까. 노동자들이 밤낮 개처럼 일해서 경상이익이 출렁이며 탈세脫稅를 밥 먹듯이 하면서도, 노동자들에겐 한겨울의 칼바람처럼 냉혹하다.

더 달라는 게 아니라, 최소생활이라도 할 수 있게 제대로 주라는 것이다. 어느 분야든 그 능력에 따라, 노동법에서 정한 최저 임금법에 의한 금액 이상을 제때에 주라는 것이다. 또한, 아직도 수많은 중소기업들은 노조는 커녕, 작업환경이나 숙소의 여건들이 21세기 현재와는 거리가 먼 열악한 환경이다. 통풍조차 어렵고, 곳곳이 고약한 악취가 진동하고 70년대 청계천 노동 현실의 복사판이다. 단언하지만, 이정도로 너절해서 기본도 지키지 못할 공장주라면 차라리 사업장을 때려치우라고 권하고 싶다. 그 이상은 착취다.

언젠가 부터 빈곤에 지친 노동자들의 분배 요구가 거세지자, 그 대안은 협박이나 다름없는 '생산공장 세계화'로 이어지며, 노동자들의 투쟁력을 약화시켰다. '더 달라고 떼쓰면 공장을 밖으로 들고 나간다'는 것이다 실리와 협박의 양공전략이다. 이 얼마나 더럽고 악랄한가.

중국을 포함한 개발도상국 진출의 또 다른 속뜻은, 노조의 요구가 지나친 것이라고 교묘하게 역증逆證했다. 그러나 과연 그런가? 전체 기업의 80%에 해당하는 중소기업의 노동자들은 그처럼 대담한 요구도 할 수 없는 비노

조원들이다. 대부분 중소기업의 근로자들은 아직도 컨테이너 숙소에서 뜨거운 여름과 혹한의 겨울을 보내는 열악한 처지에 있다. 그들은 지금도 지옥같은 70년대 노동 조건에 시달리고 있다. 그들은 노동문제에 대해 어디 함부로 물어보지도, 알아보지도 못하며, 최저 생계를 위한 임금 보장에도 목소리를 낮추며 정당한 임금 인상요구에 조차 발을 거두고 있다. '노조'라고 입을 떼는 순간 불순분자이고 반역이다' 이것이 현재의 21세기 중소기업의 비참한 노동 현실이다.

그러나 일부 대기업의 억대연봉에도 불구하고, 때만 되면 자신들의 업무와는 상관도 없는 정치시위에나 나서는 브르쥬아 노동자들은 이미, 신성한 노동자의 이름을 더럽히는 배부른 귀족 노동자일 뿐이다. 당신들도 저 자본가들과 다름없이 노동자의 이름을 팔아 배를 채우는 기생적 착취자거나 배반자일 뿐이다. 스스로 참담한 일 아닌가. 노조勞組는 노동문제에만 집중해서 협의하고 투쟁하라. 부디, 노동계의 심기일전 활발한 노동운동으로 불합리한 노동 현실이 개선되고, 축복의 노동이 뿌리 내리는 날을 기대하면서 졸시 한편을 보낸다.

줄기찬 속성은 모래알 떨어지기 무섭게
곧바로 되받아 줄지어 빠져 나가고 기어 들어간다

컴컴한 구멍 속을 들락거리며 지루한 반복과 회전으로
비틀거리는 현기증 속에 착취의 역사가 숨어 있다

번질거리는 벤츠가 황금빛 호텔 문고리를 스쳐갈 때도
시뻘겋게 달아오른 눈은 밤새 컨베이어를 타고 지구를 돈다

이른 새벽부터 끝도 없이 달려가는 혹한의 새벽
저 자본의 속도는 차가운 죽음의 젯밥이 되어서야 멈출까

희뿌옇게 동트는 새벽의 야윈 어둠에 매달린 밧줄의 끝
밤새 졸음을 견딘 컴컴한 사신死神도 덩달아 넘어오고 있다

— **함동수, 「컨베이어」 전문**

산업혁명 당시엔 저 컨베이어 때문에 수많은 노동자들이 일자리를 잃더니, 이젠 저 컨베이어에 종속물로 인간의 주인이 되었다. 기계는 동력이 전달되는 한 연속적인 동작을 멈추지 않는다. 그러나 불행한 것은 그를 따라가는 것이 기계와 다른 인간의 쉼 없는 몸동작이라는 것이다. 동물적인 인간이 기계를 끊임없이 따라가는 것이 노동의 반동 컨베이어의 속성이다.

> 들락거리며 지루한 반복과 회전으로/ 비틀거리는 현기증 속에 착취의 역사가 숨어 있다

동물은 끊임없이 반복동작을 하면 체력에 피로감이 오고, 끝내는 정신까지 혼미하게 된다. 이때 인간은 휴식이 필요하지만, 기계의 동작은 지속적이다. 쉬지 못하고 무리하는 이때부터가 착취의 시점이다. 그렇게 밤새 들락거리는 컨베이어와 같이 노동자는 밤새 기계적으로 컨베이어를 따라다닌다.

뿌옇게 동트는 새벽의 야윈 어둠에 매달린 밧줄의 끝/ 컴컴한 사신死神도 덩달아 넘어오고 있다

사용자는 따스하고 폭신한 침대에서 잠이 들었을 때에도, 노동자들은 밤새 추위에 떨며 시뻘건 눈을 비비며 뿌옇게 동트는 새벽을 맞는다. 아직도 윙윙거리며 지나는 그 밧줄 끝에는 어두컴컴한 사신死神도 덩달아 오고 있는 참담한 노동의 현실이 오늘도 계속된다.

5. 치열함에 대해

작년 여름 더위는 정말로 살인적인 혹서酷暑였다. 당시 기온이 38~9도를 오르내렸으니, 전국적으로 가히 견디기 힘든 무더위를 보냈다. 선풍기 하나로 버티던 시골집에 하루 만에 사정해서 에어컨을 설치할 수밖에 없을 정도였다. 그 더위에 연로하신 부모님을 걱정해서 매주 시골로 달려 내려가서 불볕에 노모를 도와 고추따기를 한 일이 있었다.

한여름 폭서의 열기를 머금으며 스스로 익어가는 고추의 매운 독성은 치열함의 결정체였다. 문제는 한 켠을 다

따내고 다음 밭으로 옮겨 갔을 때, 거실에 계시던 아버지가 마루에 나와 앉아 보시더니, "저쪽은 어찌 건성건성 땄느냐? 다시 따라"는 지적이 있은 다음이다. 어설픈 행동을 이를 때 사용하는 '건성건성'이라는 질책과 함께 총살을 당했다는 북한의 장성택을 생각하니, 실향민이신 아버지에 갑작스런 질책이 섬뜩하다. 어머니는 '저런 악덕 기업주 좀 봐라 하루 종일 땡볕 고추밭에 엎드려 고추 딸 땐 안 나와 보고, 이제와서 건성건성 딴다고?' 어머니의 푸념이 있고나서 뒤돌아보니, 정말 거의 검붉은 밭이었다. 태양으로 바짝 다가선 지구 표면의 열기를 내뿜는 탓으로 홍천은 염천炎天 속이었다. 치열하다는 의미는 동물적인 것에만 국한하는 것이 아니다. 계절을 밀고가는 시간이나 어머니의 힘겨운 일에도 때가 도래하면 어김없이 시간 속으로 밀어 넣는다. 앞으로 나갈수록 일이 끝난다는 성취감은 고사하고, 앞뒤가 모두 붉은 고추밭이니 남은 시간에 걱정이 먼저 앞선다. 그 하루 낮 폭서에 그들도 다시 홍고추로 붉게 익어버렸고, 사람도 폭삭 익었다.

밭에서부터 마루까지 붉은 고추들이 한가득 판을 벌이

고 있었다. 그 많은 고추들은 열심히 따고 펴 나른 시간과 함께 익어갔다. 차라리 적멸寂滅의 세계에 함께 서 있는 것 같다. 지금은 그것이 이 더위를 잊는 방법이고 최선의 길이다. 그리고 마루에 펴 나른 고추를 또 다시 그늘에서 일일이 닦고 선별작업을 해서, 본격적으로 투명한 비닐하우스로 옮겨 건조시킨다. 이제부터 또다시 불같은 태양의 열기를 머금으며 낙엽처럼 바싹 말리는 치열熾熱한 작업이다. 그래서 태양초라고 부른다. 강제 기계 건조방식도 있으나, 태양초에 비하면 배반背叛의 시스템이다. 이 작업은 서리가 내리기 전까지 오랜 시간동안 정성을 다해 도를 닦는 심정으로 따내고 가르고, 다듬어 말리기까지 전부 어머니의 노고가 일일이 가 닿는 시간이다.

더러는 물컹이며 찢기고 터져 물 튀기며
희나리가 허옇게 배어나는 고추들을
가위로 오려 내기도 하고
튼 살을 걷어 말린다

끝물의 고추 등이 빨갛게 익을 때 까지
설익은 속내가 바싹 말라 부서질 때까지
속에서 매운 향내가 풀썩, 날 때까지
뼈와 살을 발려 밀랍처럼 바삭 말리는
구도의 시간

메케하고 후덥지근한 비닐하우스 속에서
미끈한 고추보다 때때로 더 뒤집어 말려 쭈그러진 고추를
가지런히 쓸어 담아 빻아선 두루 나눠 주라는
까만 얼굴의 어머니

— **함동수, 「고추말리기」 부분**

어디든 '풍성'이란 단어 안에는 그 누군가 폭서에 흘리는 땀방울의 숨 가쁜 노고가 깃들어 있다는 생각을 하면, 먼 타국에서 어린아동들이 착취로 따낸다는 커피 한잔에도 경건한 생각이 든다. 또한 어머니가 따내 말린 붉은 고추들도 역시, 땀이 밴 숭고한 결과물이며 한철 농사라고 땀 흘리는 어머니 일 년 농사의 상징이다.

어머니의 노력에 대한 기쁨은 단연코, 오로지 당신이 평생의 직업 농부로서의 길이기에 더욱 그러하다. 그러나 우리가 이 일이 순간 중요하게 생각되고 스스로 위안을 갖는 이유가 있다. 언젠가부터 어머니의 어깨 인대가 두 개나 끊어져 어렵게 한 개만 이어붙인 처지라서, 언제 다시 팔을 못 쓰는 순간이 올지 몰라 전전긍긍하고 있으니, 이렇듯 고추따기에 우리형제가 팔을 걷어 부치는 이유다. 나와 동생은 그 바쁜 일을 뒤로한 채, 시골로 달려가 열심히 거둬들인 고추판매액은 이리 보나 저리 보나, 우리들의 품삯은 고사하고 들락거린 교통비에도 턱없이 모자란 수익이다.

어느 문학행사에서 만난, 퇴직 공무원 한 분은 색맹으로서 생활하는데 여러 가지로 불편한 점이 많다고 한다. 그도 역시 아이들과 조카들을 데리고 고추 따기를 하면, 적록색맹인 경우 익지 않은 파란 고추가 다수 섞여 있어서, 또 한번 선별작업을 해야 한다는 것이다. 그에 비하면 우리형제는 붉은 고추 따는 데는 별 문제가 없으니 그나마 다행이 아닌가. 한철 뜨거움이 모든 것을 말려버리는 염천炎天의 치열함이란 바로 이 비닐하우속의 건조하고 뜨거운 메마름이다. 계절이 가을로 다가오면서 바싹 말린 태양초는 우화 껍질처럼 속을 비웠다. 비닐하우스 속에선 아직도 태양초를 담아내는 고추 열기가 대단하다. 그러나 아직 이 붉은 고추를 보며 서늘한 가을바람은 아직 사치다. 이 고추말리기는 서리가 내릴 때까지 어머니의 구도처가 될 것이기 때문이다.

6. 명命을 받다

어느 날 회사 정기 검진에서 B형 간염이란 판정이 나왔다. 즉시 입원하여 치료에 들어갔으나, 간염바이러스는 증상을 조금 낮출 수 있을 뿐 치료는 불가능하다고 했다. 그런 상태로 20여년쯤 지나게 되니, 체중이 줄면서 감기를 줄 곳 달고 사는 등, 여러가지로 이상 증상으로 가까운 병원에서 검진해보니 간경화 초기였다. 황망한 마음으로 이곳저곳의 병원 찾아다니며 살길을 찾아봤으나, 바이러스로 감염된 간의 손상은 날로 더해갔고, 가는 곳마다 보험 약을 쓸 수 없는 묘한 간수치 때문에 '기다려 보자'는 얘기와 함께 간 보호제인 우루사만 처방해줬다. 이는 근본적인 항바이러스 치료제는 아니었다. 곧바로 큰 병원으로 이전했다.

몸은 날로 수척해지며 식욕도 떨어지고, 밤잠까지 설치며 뜬눈으로 새우곤 새벽에 지쳐 잠드니 출근조차 못하는 날이 지속됐다. 어느 날인가는 토혈吐血을 하며 정신이 혼미해지는 급박한 상황이 와서 응급실로 달려갔는데, 간경화 말기증상인 식도정맥류 출혈이 발생한 것이었다.

상태가 나날이 심각해지던 2008년 봄에 마지막 만찬처럼 부모님의 칠순, 팔순 잔치를 준비했다. 막내 동생과 협의해가며 마지막 잔치를 준비를 하고, 주변의 친구 중에 시낭송가와 성악가를 초청하고, 홍천에 있는 리조트의 연회장에 동리 어른들과 친인척을 모시고 팔순잔치를 열었다. 그런 건강상태에선 무리였으나, 한편 '이것이 마지막 효도가 될 지도 모른다'는 두려움에서 준비를 한 것이었다. 즐거워야 할 잔치가 아니라, 마지막 만찬을 보는 듯 했다. 축배를 받은 부모님들도 결코 웃을 수 없는 쓴

잔을 들었다. 행사 전날에도 병원에 들러 불룩해져 출렁이는 복수를 빼내고, 야위고 까만 얼굴로 준비한 한복을 입고 참석하였다.

이제 마지막으로 떠나는 열차는 어쩔 수 없이 서서히 그곳을 향해 다가서는 느낌을 감출 수 없었다. 시골에 계신 부모님들은 병원에 갈 때, 며느리를 동행하도록 독촉하기 시작했다. 마지막을 본인이 감출 수 있다고 판단해서였다.

그렇게 봄을 보내고 번번이 이식利殖 수술을 권고하는 의사의 독촉을 받으며, 여름휴가를 동해안으로 갔을 때, 이러한 사실을 털어 놓은 충격에 노부모님들을 혼절 했다. 살기 위해선 간이식肝利殖을 해야 했는데, 그러나 이식 할 간肝의 제공提供받기란 하늘의 별 따기라는 말에 따른 충격이었다. 하지 않으니 만 못한 불편한 상황에서의 하기휴가를 채 끝내지도 못하고 또, 다시 입원을 했다. 이젠 누가 주든 이식을 위한 검진에 들어가는 순서에 돌입할 수밖에 없었다, 그때, 막내 동생이 이식 간 제공을 제안하고 나서 검진 날짜가 잡혔다. 그러나, 동생도 형제이긴 하지만 대학에서 학생을 가르치는 선생이니 시간이 큰 부담이었다. 대신 대학 다니는 아들에게 조심스런 탐색을 해보니, 답이 없었다. 엄청난 충격과 부담은 짐작이 갔다. 마누라도 검진 명단에 넣고는 온 집안이 초비상 상태에 돌입했다. "금년 추석은 바빠서 못 갑니다"란 명분으로 위장을 했다. 그런 위기 상황을 노부모님께는 비밀에 부치고 추진했다. 추석을 며칠 앞둔 9월 초순 아들의 검진결과가 이식에 양호한 상태이고, 혈액형도 같아 고무적이라는 의료진의 결과가 나왔다. 이를 아들에게 알려야 하는데, 난감한 일이었다.

대신 마누라가 컴퓨터에 앉아 메일로 이런 간절한 상황을 아들에게 알리고 아빠를 살리자고 제안했다. 답은 명료했다. "나 아니면 누가 아빠를 살리겠냐"고~

이제 선택의 여지도 없이 처절한 생사의 투쟁을 위해 병원에 아들과 둘이 입원했다. 우리 둘은 전날 밤과 당일 새벽에 온몸을 퍼렇게 소독하곤, 이른 아침에 아들이 먼

저 수술실로 실려 나갔다. '참으로 네게 못할 짓을 하는구나' 차마 볼 수가 없었다. 이미 가까운 친인척들이 찾아오고, 두 사람을 사지에 몰아넣은 마누라는 안절부절 병원이 구석 저 구석 차가운 기둥을 쓸어안고 돌아다녔다고. 아들의 6시간과 남편의 12시간 수술시간동안 간절한 기도로 얼마나 울음을 삼켰는지. 그 순간에도 아빠보단 젊은 아들에게 더 안타까워 애가 탔다고. 그렇게 지독한 시간은 지나가고, 그로부터 6시간 만에 수술실을 나온 아들을 보고는 울지도 못했단다.

아들이 중환자실에서 일반실로 옮겨가서도, 나는 6시간이 지난 12시간 만에 수술실을 나왔다. 산소마스크와 목줄을 주렁주렁 달고서 정신없는 남편의 얼굴이 오히려 편안해 보여서 마음이 놓았고, 얼굴에 화색이 돌아서 또, 한번 가슴을 쓸어 내렸다고. 두 식구 모두 살아 온 것만으로도 감사하고 감사하다며, 정갈한 마음으로 처음 명命을 갈구渴求했다고- 이 간절한 마음으로 「목숨」을 한 편 지었다.

간이식으로

단 하나뿐인 목숨 어렵게 찾았다

봄에 시들고

가을에 찾았다

시들 때

사랑이 떠나고

찾을 때

시가 왔다

벼랑 끝에서

사는 법

엎드리는 법

처음 경건하게 무릎 꿇고

속죄하며

겸손을 배웠다

지천명이라는
오십 넘어서야 겨우

사는 길 찾았다

— **함동수, 「목숨」 부분**

정말, 벼랑 끝에서/ 사는 법/ 엎드리는 법/을 배우며, 무지했던 생의 벼랑 끝에서 아들까지 희생시켜가며 시원찮은 목숨을 건진 것을 못내 부끄럽게 생각한다. 이 부분 대해선 아직도 할 말이 많다. 두고두고 속죄하며, 또 하나의 풀어야할 명제로 남을 것이다. 후에 안일이지만, 간경화로서의 최대 생존 연한이 5년이라는 것을 알고는, 또 얼마나 가슴을 쓸어내렸는지. 명命이 하늘에 달린 것을 알만한 나이라는 지천명知天命에 된통 죽다 살아난 후에는 잠시 숙연하더니, 매일 그렇게 살 수도 없어 그나마 요즘은 그 통증 또한 잊고 산다.

7. 선원禪院의 아빈

요즘 내가 아는 스님 한분이 선원을 열어 선禪을 닦으며 더불어 이웃들과 즐겁게 지내고 있다. 나도 가끔 만나서 차도 한잔하고, 불경과 문학에 대해 얘기도 나누며 교우하는 중이다. 그 선원은 한적하게 산 밑으로 1키로 정도 떨어져 있고, 시름을 잊을 만큼 고요해서 가끔 들른다. 그런데 선원에 예상치 않게 몸집이 큰 포인터와 골드리트리버가 한 마리씩 어슬렁거린다. 처음엔 몸집이 커서 두려움을 느꼈는데, 예상외로 순하고 꼬리를 흔들며 다가오니 친근하게 대하지 않을 수 없다. 아무 때나 선원 근처로 다가가면 어떻게 알고는 두 마리 모두 큰 꼬리를 흔들며 반겨준다. 으르렁거리거나 짖는 일없이 언제나 반겨주는 이가 바로 저 '아빈'인 골든 리트리버Golden Retriever다.

주차를 하고나면, 곧장 차에서 내리는 나에게 내키 만한 몸집으로 두 발을 들어 달려든다. 그들 나름대로는 반갑다는 징표겠지만, 커다란 몸집과 두발이 달려들면, 성큼 안아주기가 어렵다. 그것은 그들의 큰 몸집과 들판을 뛰어다니며 묻은 온갖 풀씨와 흙구덩이를 뒹굴다 와서, 깔끔하지 않은 모습 때문이기도 하다. 그래도 그들은 그런 내 사정을 아는지 모르는지 무조건 반갑다고 대든다.

아마 청년시절 우리들의 서투른 구애의 모습이 이럴 것이다. 더벅머리 총각이 꽃같이 예쁜 처녀를 보고는 상대방의 사정은 아랑곳없이, 무조건 좋다고 따라다니며 치근거리는 풍경이다. 이 모습이 생경하지 않으니, 그래도 어쩌랴 오랜만에 찾아드는 사람의 냄새와 모습이 좋다는 것을 –

그런데 몇 번을 찾았을 때 자세히 보니, 얼룩 포인터는 아버지를 보는 것처럼 몹시 어기적거리며 걸었다. 그는 발랄하지도 않고 묵묵히 자리를 지키거나 아니면, 밥을 먹고는 곧장 선원 대문 건너 언덕위로 올라가 앉아 있는 시간이 많았다. 양지바르고 널리 보이는 명당같은 자리에 앉아 선禪을 닦다가 졸다가, 하루해가 진다. 프라스틱 의자에 앉아 조는 아버지처럼. -

시간이 지나면서 궁금해 선원에서 큰개를 키우는 이유를 물어보니, 어이없게도 선원의 개가 아니라는 것이다. 휴식 차 들르는 이웃 전원주택의 개인데, 주인이 없어 곁으로와 어슬렁거려 밥을 주다보니, 아주 눌러 앉아 버렸다고 한다. 어쩌다 너무 반갑다고 둘이 덤벼드는 날이면, 어느 누가 나를 이렇게 격렬하게 반겨 주었던가 하는 자괴감이 들기도 한다. 그들은 호의로 집요하게 따라다니며 기어오르는 것이지만, 사실 나는 버겁다. 그래서 그들의 기운도 뺄 겸 같이 산책을 나간다. 앞서거니 뒷서거니 하며 둘을 데리고 나가면, 왠지 든든하다. '큰 개를 키우는 맛이 이런 것이구나' 하고 흔쾌함을 느끼는 순간이다.

그런데 오래 만에 방문을 해보니, 포인터가 안 보인다. 때론 혼자서 산속을 헤매는 적도 있고, 또는 적막한 전원주택을 혼자 지키는 경우도 있다고 한다. 그러나 이번에 대답은 예외로, 그야말로 숙환宿患으로 세상을 달리 했다는 것이다. 한 세상 밝은 날과 어두운 날을 모두 지내고, 긴 시간 음악같이 목탁소릴 듣다가 천운을 다해 저세상으로 떠났으니, 그리 나쁘지 않다고 생각한다. 병고 끝에 먼 곳으로 떠난 포인터에게 명복을 빌 뿐이다.

요즘도 선원에 가면 남아있는 아빈이 다가오며, 우선 꼬리를 선선하게 흔드는 것으로 환영인사를 한다. 천천히 흔드는 꼬리만으로도 그는 최선을 다해 환영하는 행위이다. 그리곤 현관문이 닫히고, 열릴 때까지 기다리다, 사람이 밖으로 나오면 어김없이 다가와 다리에 머리를 문지르며 친근親近을 보낸다. 언제보아도 순하고 다정다감한 성격에 의젓한 아톰을 보면, 어떤 때에는 사람 같다는 착각을 일으킬 때가 있다.

그러니까, 이것을 접화군생接化群生처럼 뭇 생명들이 만

나서 서로 교응하여 관계를 맺으며 변한다는 뜻이 인간만이 아니라, 동식물, 무기물 까지도 다 군생群生이라 생각한다. 물질 안에도 마음이 있으며, 비록 희미하다 못해 발아 단계까지 머무른 그 무기물까지도 마음이 있다고 보는 것이니, 동물과의 교감이 싫지 않은 이유다. 아빈도 선원禪院 개 삼년에 수많은 불경과 목탁소리에 불성을 배웠는지도 모른다. 조주대사의 '개에겐 불성이 없다'고 말한 부분이 이때는 틀린 것 같다. 물론 은유로서 특정한 동물에게만 불성이 없다는 뜻이 아님은 당연한 말이다. 처처불상處處佛像 사사불공事事佛供이듯, 어느 곳이든 누구에게든 부처심은 어디에나 있는 것이고 부처의 뜻이니 말이다. 반갑다고 달려드는 처음과는 달리 밥도 먹고, 물도 마신 다음부터는 의젓하게 곁에 앉아서 하루 종일 말이 없다. 사람이나 개나 나이가 들면 말하기도 귀찮은 모양이다.

소설가 김도연은 그의 산문집『눈 이야기』에서 "소설 한 편을 써서 넣고 다니다가, 결국 아무에게도 보여주지 못하고는 술만 마시고 귀가한 날 저녁, 집을 지키는 잡종개를 끌어안고는 하소연을 했는데, '들어주는 개가 너무 고마워 눈물까지 흘렸다'고 고백한다." 상대가 없어 집에 기르는 잡종개에게 밤새 하소연을 해대는 술 취한 아들을 말리던 어머니가 한잠을 주무시고 다시 보니, 그때까지도 그 짓을 하고 있더라고 한다. 그 때 밤새 시달렸을 개는 잡종개가 아니라, 그의 진정한 친구가 된 것이다.

아빈도 내가 집안에서 일을 마치고 떠나려 차로 이동하면 처음 만날 때와는 다르게 주위를 어슬렁거릴 뿐, 더는 다가오지도 멀어지지도 않는다. 그들도 이별은 예감하는 것 같다. 드디어 차에 오르면 이젠 주시만 할 뿐, 이제는 오지도 않고 바닥에 눕는다.

다시 오지 않을 사랑에 대해선 일찌감치 한동안은 마음을 정리해 두는 게, 서로에게 좋을 것이란 생각에서일까 아무튼 눈빛도 동작도 금방 알 수 있다.

우리의 애틋한 사랑도 이렇게 떠나가면 저 아빈처럼 쉽게 포기 할 수 있을까. 오히려 그들이 우리 인간들보다 사랑에 대해선 고수高手같다 는 생각을 해본다. 선원禪院 개

3년이 만만치 않다. 그들은 모두가 떠나가면 언젠간, 또 다시 돌아온다는 신념을 갖기라도 하듯이 매달리던 사랑이지만, 구걸하지 않는다. 저들의 담대한 감정을 억제하는 슬기로운 태도가 어쩌면 사람보다 낫다. 아니, 나보다 낫다는 이 처참하고 더러운 기분은 무얼까? 개만도 못한 나약한 심성을 가진 인생들인가? 헛웃음으로 달래며 목탁소리가 은은히 들리는 선원을 빠져 나온다.

개도 선禪을 하면 인간보다 낫다고 – ㅎㅎㅎ

8. 살풀이춤에 대해

어릴 적 마을 어느 한 집에서 벌인 굿을 구경한 적이 있었다. 온 동네가 들썩이도록 밤새 징을 두드려 패고, 어머니들은 무당의 춤사위에 같이 들썩거렸다. 무당은 온 종일 정중정중 뛰다가 가끔 칼도 휘두르며, 사뭇 위압적인 모습을 보였다. 그러나 온종일 뛰는 그 체력 또한 대단하였다. 굿과 무당은 그 후 왠지 무섭다.

올 늦은 봄, '시와 노래가 춤을 만나 향기를 배접하다'는 거창한 제목을 내건 음악회를 다녀왔다. 제목이 그러하듯, 시낭송도하고, 노래도 하고 춤도 추었다. 두루 아는 예술인도 있고, 처음만난 예술인도 있었다. 그중 특이하게도 무용학 교수를 만났는데, 우리 전통춤인 살풀이춤의 명무名舞였다. 그는 무대에서 능숙하고 화려한 춤사위로 무대를 압도했다.

살풀이라!~ 무슨 억울한 심사를 푸는 춤이란 것일까?

우선 '살풀이'의 뜻은 흉살을 피하려고 하는 굿이다. 그러니까 살풀이춤은 흉살凶殺을 푸는 춤, 즉 살殺을 푸는 춤이다. 그러나 춤에는 그러한 종교적 의미나 상징 형식이 전혀 보이지 않는다. 살풀이춤은 중요 무형문화재 제97호로 지정 되어 있고, 이 춤은 '살을 풀어내 새로운 세상을 향하는 음에서 양으로 어둠에서 밝음에로 향하는 세계적 전환의 춤'이다.

살풀이춤이 원초적 발생은 굿판에서 나온 것이라 하더라도, 그 춤은 종교적 기능을 가진 춤이 아니라, 무악巫樂인 살풀이 곡에 맞추어 추는 오락 내지는 예술적인 춤이다. 굿판에서 굿을 진행하면서 여흥으로 무녀가 자기의 권위를 과시하기 위한 예기藝技로서의 춤을 보이기도 하고, 구경꾼들과 합세하여 추는 등, 이러한 춤이 지금의 살풀이춤으로 발전한 것이란다. 살풀이춤은 슬픔의 춤은 아니다. '슬픔이 바탕이 되어 있지만 그 것에 머무름이 아니라, 그 비탈을 넘어서 정情과 환희의 세계로 승화시키는 이중구조적二重構造的 인간 감정을 표현하고 있다."고 정병호는 한국춤(열화당)에 주장한다.

이송은 최근 출판 된 "알고 보면 재미있는 우리춤 이야기(도서 출판 운선)"에서 살풀이의 특징은 서사시나 소설처럼 일정한 줄거리를 가지고 플롯사건의 전개 과정이 진행되는 서사적 춤이라는데 있다. 살풀이춤 안에는 완결적인 내용이 담겨져 있다. 죽은 이의 혼을 달래거나 나쁜 기운을 막아내는 등의 내용이 대표적인 것이다. 그중 가장 이해하기 쉬운 것으로 죽은 남편에 대한 어느 한 여인의 지극한 사랑 이야기가 있다. 즉 고운 여인의 머리에 비녀를 꽂고, 흰 저고리와 치마에 긴 옷고름을 늘어뜨리고 하얀 수건을 가지고 남편의 죽음을 비통해 하는 모습으로 춤사위는 흔들린다.

이 춤은 남편을 잃고 그리워하며 슬픔에 잠긴 비애의 장, 그리고 그 남편을 다시 번 만날 수 있도록 기원하는 기원의 장, 남편의 영혼을 살풀이 수건을 통해 접하게 되는 만남의 장, 다시 남편을 떠나보내는 이별의 장으로 이어진다. 이 모든 플롯이 살풀이 수건을 통해 전해진다. 여기에서 무도자가 흔드는 하얀 수건은 신과 사람 사이에 소통이자, 신호이며 신에게 보내는 은유다. 부드럽고 가벼운 살풀이 수건은 어느덧 오른 팔에서 왼팔로 자연스레 옮겨지고 이어져 춤의 감미로움을 더해 준다. 수건 한 장으로 표현되는 간결과 복합적인 이야기와 춤사위는 오롯이 한국적인 한의 춤의 표상表象이다. 또 수건을 공중으로 던져 나와 분리되는 과정을 거쳐 다시 애틋하게 만나 어르는 과정은 이춤의 절정을 표현하는 부분이다. 이 과정은 단지 일반적인 만남과 이별로 끝나는 것이 아니라, 한과 슬픔이 환희의 세계로 승화되는 차원의 변화, 세계의 변화를 가져다주고 있다. 이처럼 이야기 구조가 설립됨으로 인해 춤을 추는 사람은, 그 춤 안으로 한결 편안하게 빠져 들 수 있다. 이는 보는 이와 추는 이가 하나의 온전한 엑스터시와 카타르시스를 동시에 느끼게 한다. 다시 말해 춤을 추는 사람은 춤을 추는 그 속에서 살풀이 수건과 하나가 되어, 춤 속으로 빠져 들어가는 엑스터시를 경험하고, 그 엑스터시를 통해 죽은 이의 영혼과 접신接神해 나가가 된다. 또한 이 춤은 나아가 연인이 품고 있던 그리움이라는 살을 풀어내어 제거해 줌으로써. 연인의 삶을 새롭게 인식 할 수 있게끔 하는 역할도 한다. 이러한 감정이입을 바탕으로 이루어지는 예술이 바로 살풀이 춤이다. 보링커Wilhelm Worringer는 이때의 감정이입을 '자연과 인간이 행복한 범신론적 친화관계에 있을 때 일어나는 예술충동'이라고 말한다. 이렇게 정리하고 보니, 한국무용의 대표적이라 할 만 하다. 이품이 곧 한국여인들의 한恨을 대변하는 몸짓인 것 같다.

살풀이춤은 기원무祈願舞에 속한다. 기원의 춤이 강조되어 절제미와 정중동, 그리고 내면성이 강한 춤이다. 춤의 구조 자체가 신과의 대화를 통해 기원하는 내용이 점철 되어 있기 때문이다. 깊이 가라앉은 호흡의 춤사위와 엇락을 타는 멋이 일품이다. 맺고 풀어주는 가락에 실어내는 고운 선과 휘몰아치는 한이 간결하면서도, 시원스럽게 부려지는 긴 수건에 인간의 이중 구조적 심리를 잘 표현하고 있는 정. 중. 동靜中動의 미를 간직한 춤이다. 살풀이춤은 깊은 한을 안고 흐느끼듯 호소하듯 연인의 심성을 명주 수건에 실어 풀어내고 달래 보는 슬픔의 춤 기원무 다.

이렇게 살풀이춤을 들여다보면서 시를 짓는 시인들이 잡고자하는 접신接神의 상태, 즉 일종의 시에 집중할 때 찾아든다는 시의 마귀인 시마詩魔에 대해 생각한다. 살풀이춤이 '인간의 심리를 잘 표현하고 있는 정. 중. 동靜中動의 미美를 간직한 춤'이라면, 수많은 시인이 뿜어내는 시들도 '인간의 심리 상태를 정. 중. 동의 미로서 드러내는 작업이란 점'에서 매우 유사하다는 생각을 하게 된다. 명상에서처럼 고도의 집중상태에서만 예술적 감동을 발휘 할 수 있다.

어느 분야든 최고에 오르려면 접신接神의 경지에 오르는 간절한 염원과 노력이 필요하다는 증거이기도 하다. 이렇게 생각하면 결국 예술이란, 어느 방향으로 나가든 목적지는 동일하다는 생각에 머물며, 어느 봄 축제에서 근사한 양반 갓을 쓰고 추는 '한량무'를 관람한 후에 쓴 졸시를 소개한다.

멈춘 듯, 흐르고
흐르는 듯 멈추는

바람결에 하늘거리는 소매 깃, 나비처럼
가볍게 펼쳐들고
흥을 날려 시름을 덮을 듯 하구나

나는 듯 놓인 그 발끝
닿는 곳이 극락이요
넘나드는 곳 피안이라

부채들어 휘두르다
멈춘 곳.
부채접어 칼처럼 멈춘 곳.

보궁아닌 교방이구나

— 함동수, 「한량무」 전문

춤에 대해 별 지식도 없던 시절 감동의 그 무대를 잊을 수 없어, 늦은 밤까지 허우적거리며 지어낸 졸시 '한량무'를 다시 보면서, 그 춤의 깊이를 얼마나 찾아 썼는지 부끄러울 따름이다. 물론 한량무는 교방 계통의 무용극으로서 한량이란 양반 출신으로 무과武科에 급제하지 못한 사람, 또는 노상 놀고먹는 사람을 이르는 말이다. 그러니 일단은 유쾌하고 해학이 넘치는 춤이다.

그 춤사위와 몸짓을 보면, 한량은 우아함과 기품이 있고, 바람난 색시는 현란하면서도 절제된 교태가 있다. 별감은 우직스러우면서도 부드러움을 갈무리했고 승려는 일탈逸脫하면서도 고요함이 숨어 있다. 주모는 경망스러움과 해학諧謔을 춤추고, 상좌는 혼돈 속에서도 믿음을 나타내고, 마당쇠는 순종 속에서도 자기주장을 웃음으로 표출하는 재치를 보인다. 「daum백과」

이번 공연에서 그 명무名舞교수는 "살풀이춤은 한恨의

춤이 아니라 신바람의 춤, 흥의 춤입니다." "살풀이춤은 '살을 푼다'라는 뜻에서 한恨의 춤으로 알려져 있지만, 사실 신바람의 춤사위 가운데 하나"라면서, '살풀이춤'에 대한 현대적인 재해석이 필요하고, 새로운 시도를 모색해야 할 시점"이라고 말하고, 또한 "우리 문화는 백색의 상징만큼 흰빛을 선호하며 밝음을 지향하는 예술"이라고 말한다. 따라서 살풀이춤도 말 그대로 살을 푸는 춤, 망자(죽은이)를 밝은 곳으로 보내고 서로 슬픔을 풀어 승화하는 마음이 담긴 춤이다. 결국 살풀이춤을 추는 이는 무녀巫女라고 하거나, 무녀의 세계라고 생각할 수밖에 없는 부분이 어둡고 한스러운 세계를 춤으로 승화해내는 내면의 본질이라는 뜻에서 그렇다. 너무 처절하게 풀어내는 한무恨舞에 대해 새로운 해석을 내놓고 싶었던 것이라 생각한다. 춤으로 지어낸 한편의 서정시 '살풀이 춤'은 기나긴 우리 한의 역사와 대단한 내공이 깃들어진 한국 고유의 문화임을 다시한번 담아보는 시간이었다. 이처럼 문화는 하루아침에 지어진 것이 아니라, 오랜 역사와 전통을 간직하고 맥을 이어오는 우리들의 예술이라는 생각이다.

9. 야누스적인 밥

난 오늘도 밥 한 그릇을 앞에 놓고 조용히 머리 숙인다. 모든 살아있는 것들은 밥이 필요하다. 나도 인간인 이상 밥 없이는 하루도 견딜 수 없고, 그 가혹한 굶주림 없이 무사히 하루를 보내는 것에 대해 경건하게 머리를 숙일 따름이다.

그래서 하루도 거를 수 없는 밥은 어느 누구에게나 너무나도 간절한 의미인 생명과 직결되는 것이다. 그러나 살기 위해 꼭 필요한 밥은 공평하게 한 그릇이면 충분하다. 더 먹고 싶다고 무작정 퍼 넣을 수 없고, 또 시간이 지나면 비워지는 절제의 미가 있는 것이다. 그런데 한계를 넘는 이 밥그릇 때문에 세상사는 늘 시끄럽다.

하루 세끼 식사는 채움의 의미인 '밥 한 그릇'이 도를 넘는 순간 인간은 비루하고 추악하게도 스스로 칼을 밟고 넘어진다. 그러나 밥에도 종류는 많다.

쌀밥, 보리밥, 비빔밥, 나물밥, 묵밥, 쉰밥, 옥수수밥, 감자밥, 누룽지 밥, 눈칫밥, 얻어먹는 거렁이 밥도 있고, 등쳐먹는 뇌물 밥도 있다. 또한 한 숟갈마다 명이 달린 간절한 중환자의 미음도 있다. 모두가 하나같이 한 끼 식사로 몸이 시간을 지나가는 과정일 뿐이다. 밥은 그래서 덜도 더도 필요없다.

근래 '초과이익공유제'란 일반인에겐 생소한 단어가 등장하여 논란이 되고 있다. 이 얘기는 발표됐을 때부터 상당한 논쟁을 불러일으킬 예민한 사안이었다. 조금만 생각해보면 결국 이 문제는 상호(상대적인) 밥에 대한 사유의 괴리가 너무나 크다는 것이다. 대기업도 어려운 환경에서 취득한 '이익을 왜 공유해야 하는가' 의아해 하는 것이고, 또 한편에선 그간의 실정이 착취를 당한 것이고 억울하다고 생각하는 한, 이 문제는 앞으로 한 발자국도 나갈 수 없다.

그러나 우리 기업 풍토 현실에서 어느 기업이든 주변의 협력사(하청업체)나 그 밖의 사회로부터 절대적인 협조없이 성과를 낸 기업이 있는가. 수많은 협력 업체의 도움과 희생으로 얻은 초과수익으로 흥청거리는 잔치를 벌이는 상황이라면, 곁불 근처에도 가지 못하는 협력사로서는 묵과하기 어려운 상대적 불만이 있을 수밖에 없다. 이를 두고 궁극적으로는 불평등 해소를 통해 결국엔 공존의 의미를 찾자는 뜻이 '초과이익공유제'일 것이다. 흔히 대외 수출 등이 어려움을 겪게 되면 원가 절감 방안이라고 처방하는데, 바로 그 적용대상이 종속 구조로 되어있는 1차 협력업체들의 납품가 삭감이고, 임금삭감과 동결이 아니었던가. 한쪽에선 고봉밥이 흥건하게 철철 넘쳐나고, 또 한쪽에선 빈 밥그릇을 긁고 있다면 상생相生은 매우 어려운 일일 것이다. 이 또한 아직도 노사관리가 부실한 개인, 중소기업 등의 작은 회사 내에서 이와 같은 노동착취의 고리가 잔존하고 있다면, 경우는 똑같은 예제에 해당한다.

밥을 합리적이고 공정하게 나누는 일은 이제 구원救援이나 원조援助의 의미를 벗어난다. 밥이란 누가 누구의 종속물의 의미가 될 수 없기 때문이다. 너와 내가 공존 공영하는 구조이기 때문이다. 네가 있어야 내가 존속할 수 있다는 공동체의 인식이 필요한 것이다. 특히 어떤 구성원 간에 공정한 나눔의 의미는 공존의 의미이며, 상호 정당한 권리 회복의 시작이다. 그래야 정말 살 만한 사회로 발전할 수 있지 않겠는가. 어떤 사회 또는 회사든 간에, 어느 한쪽이 장기적으로 상대적인 불평등이 지속되어 착취의 의미로 인식된다면, 이는 상호 미래의 공존이나 발전에 막대한 저해가 되는 요소임에 틀림없다.

이제 경쟁력을 갖추고 한발 나아가는 성숙한 우리 한국사회의 갈 길은 수탈에 가까운 희생이 아닌 정당한 대가의 지불이며, 무리한 밥그릇 챙기기에서 벗어나 최소한의 위상과 규모에 걸맞은 불평등의 적극적인 해소 노력이다.

그래서 밥은 언제나 따뜻하다. 한 그릇의 밥이 더 따뜻할 때는 나보다 남을 배려하는 마음이 담겨있을 때가 아닐까. 따스한 마음으로 '밥'하고 발음해보면 곧바로 입이 닫혀진다. 온통 들끓던 소용돌이도 '밥'이라는 말 한마디에 곧바로 닫히는 모습을 보면 '밥은 역시 만고의 답이며 생명이고 하늘이라'고 생각하게 된다.

아직도 우리사회 한켠에서는 찬밥이나 타다 남은 누룽지 밥으로 연명하는 빈곤한 부류가 적지 않다. 더구나 빈곤의 세대가 노령과 겹치는 절대 빈곤으로 진입하는 시점이다. 그간 풍요의 시대를 살아온 우리들이지만, 또 다시 허례허식과 근검절약의 정신으로 미래의 어려움을 이기는 지혜가 각계각층에서 필요하다고 생각한다.

밥은 적량으로 한 끼면 충분하지 않은가.

10. 분자요리Molecular Gastronomy의 세계

인간에게서 식량문제는 생존하는데 가장 기본이 되는 요소로서, 전 세계 모든 국가들의 걱정거리 중에 하나이고 그 대책에 고심하고 있다. 그러나, 기후변화는 만만치 않고 그 미래 또한 불투명한 상태로 급속중이다. 따라서 모든 국가들은 식량안보라는 난제에 고심하고 있다. 따라서, 미래의 식량문제에 대한 대안으로 곤충이라든가 유전자 변이를 이용한 대형 과실이나 뿌리 식재료등을 개발하는 실험도 활발하다. 향후 어쩌면 최소의 식재료의 다양화와 변형된 먹거리를 개발하는 단계에 까지 이를 것이다. 이미 생명력의 한계가 알 수 없는 곤충에 대한 연구는 상당히 진전되어 실용화되고 있으나, 이에 따르는 기존 요리법을 능가하는 요리기법은 아직 개발되지 않았다.

인간은 원시시대부터 불을 이용하여 음식을 익혀먹을 줄 아는 영리한 두뇌를 가진 동물이었다. 그래서 이제껏 여러 가지 음식을 요리하면서, 인간에게 가동된 요리 음식이란 다른 어느 동물들에게서는 찾을 수 없는 풍요의 상징이었다. 그러나 시대의 변천에 따라, 기존의 요리법인 볶고, 지지고, 삶고, 굽고, 찌는 요리과정이 재료의 분자배열이 균형을 잃기 때문에, 식재료의 고유 맛이 떨어지는 경향이 있었다.

인간은 이쯤에서 기존의 음식조리 과정을 뒤엎는 혁명적인 조리법이 필요한 시점을 알아차렸다. 기존의 인식된 모양과 맛이 전혀 다른 음식을 위한 낯선 모험을 하였다. 원래의 원재료 맛과 향을 그대로 유지하면서 형태만 원하는 대로 바꾸어, 색다른 모양의 구조로 만들어 내는 것이 '분자요리'이기 때문이다. 근래 음식의 요리세계에 이변이 불고 있는 것이, 바야흐로 분자요리라는 것인데, 이제껏 보지 못했던 음식 조리법이 바로 그것이다.

우선 음식요리의 기본인 '익힌다'는 개념에서, 기존 재료를 화학적 물리적 반응을 일으키며 분자 미식학을 이용한 조리방법, 새로운 조리기구, 재료 등을 이용한 요리로 진보하는 것이다. 즉 물리와 화학적으로 인한 식재료의 변형을 요리학으로 제시하는 순간이다. 이것은 가히 음식세계에 있어서 창조적인 한 단계 상승 전환으로의 시점이라 할 수 있다.

그러나 이 분자요리는 시작이므로 앞으로 많은 질문과 과제를 안고 출발하게 될 것이다. 그러나 향후 인간의 먹거리에 대한 욕망과 필요에 따라, 수많은 재료에 대한 요리법은 지속적인 발전이 필요하다고 본다. 이와같이 초보적인 분자요리 개발을 시점으로 요리연구는 끊임없는 진보를 하면서, 우리 인류에게 유용한 음식을 제공하리라 생각한다. 무엇이든 이렇게 시작해서 발전을 거듭하면, 그 결과가 어디까지 가 닿을지 아무도 모른다. 그런 이 분자요리를 보면서 상상의 미래와 한계를 한껏 기대에 부풀리게 한다.

분자요리Molecular Cuisine란 요리와 과학이 결합한 것으로, 분자分子의 구조를 변화시켜 만든 요리를 말한다. 그러니까 우선 분자는 순수한 화합물에서 그 특징적인 조성과 화학적 성질을 유지시키는 가장 작은 입자이다. 분자는 수나 종류의 변화 없이 물리적 변화를 할 수도 있으나(예를 들어 물이 고체 · 액체 · 기체로 상태 변화하는 것) 화학반응을 통해 변형될 수도 있다. 분자들의 집합은 커다란 물체를 채워넣는 것과 같은 기하학적인 방식에 의해 규칙적인 결정배열을 하게 된다. 분자요리는 그 규칙적인 결정을 이루는 분자들의 배열을 흩뜨리는 화학반응을 통한 요리기법이다. 속은 차고 겉은 뜨거운 요리, 그러니까 분자요리란 정확한 계량, 조리방법, 재료의 특성과 성질을 잘 파악하고 이것을 조리과학과 물리 화학적인 측면에서 접근하여 재료를 사용해서 음식을 만드는 것이다. 하지만 분자요리라는 개념은 따로 존재하는 것이 아니라, 기존에 있던 요리체계를 물리와 화학적 측면을 이용해 요리과정의 한 부분을 새롭게 재조명 한 것이며, 궁극적으로 식자재에 대한 이해와 요리 과정을 재구성해서 시각적 또는 먹는 즐거움을 주어 외식산업에서 마케팅적으로 이용하고 있다. 따라서 일부 식재료 등을 이처럼 물리·화학적 변화를 통한 조리법등을 통해 새로운 맛을 내거나, 색다른 음식을 만들어낸다. 또한 음식의 질감과 조직, 요리과정 등을 분석·개발하는 등 분자요리를 연구하는 '분자 요리학Molecular Gastronomy'도 활발하다(함동철, 『창작 조리를 위한 분자요리』).

또한 식재료에 대한 이해를 바탕으로 21C에 발명된 모든 도구를 이용하여 원재료의 맛과 풍미의 궁극을 찾아내는 것이 분자요리의 핵심이다. 이제는 재료뿐만이 아니라, 시각視覺과 미각味覺을 온전히 되살리는 음식을 창조하는 단계에 이른다.

예를 들어, 거품 된장국을 만든다고 한다면

식재료명	수량	단위
물	50	ml
된장	15	ml
재래된장	5	ml

멸치	3	g
다시마	2	g
양파	5	g
대파	5	g
마늘	2	g
레시틴	5	ml
팽이버섯	3	g
달래	50	g
알긴산		
염화칼슘		

만드는 방법

㉠ 커피 추출기인 싸이폰에 멸치, 다시마, 멸치, 마늘, 양파, 대파 등을 슬라이스 하여 함께 넣어 끓여서 멸치 다시마 스톡을 만든다.

㉡ 멸치 다시마 국물을 추출하여 싸이폰에 국물과 된장을 넣고 다시 추출한다.

ⓒ 추출된 된장국을 고운 아미에 걸러서 믹싱볼 담은 후 레시틴을 넣고 브랜더로 거품을 만들어 준다.

ⓔ 달래는 다시마 국물에 넣고 브랜더로 갈아서 추출 후 알긴산을 넣고 물방울 달래를 만들어 된장국에 넣어 함께 준다.

ⓜ 거품 만 스픈으로 떠서 된장국 그릇에 담고 달래 알긴산과 팽이버섯을 가니쉬로 함께 담는다.

요리는 마술이 아니라 화학과 같은 과학에 기반을 둔 것이기 때문에, 요리를 하는 각 단계별 행위에 주의를 기울이고, 각각의 행위가 자연스럽게 연결되어야 한다. 그렇다 하더라도 초보자는 분자요리를 먼저 습득하기 보다는, 정통요리를 배운 후 정통요리에 분자요리를 적절히 부분적으로 이용해야 자신만의 특별한 분자요리를 완성할 수 있을 것이다.

에르베 티스(Herve This; 프랑스 화학자)는 요리에 관해 "지식을 쌓고", "어떻게 그것을 활용할 것인지"의 중요성을 설파했다. 분자요리에 대해 화학약품이 첨가되어 있다는 이유를 들어 비판하는 사람이 있는데, 분자 요리에 사용되는 "화학 물질"이 모두 생물학적 기원을 가지고 있다고 한다. 비록 그들이 정제되고 일부가 가공되었지만, 원료 기원은 보통 해양, 식물, 동물 또는 미생물이라는 것이다. 분자요리는 첫째, 재료에 대한 깊은 이해와 둘째, 원재료를 가장 잘 보존할 수 있는 신기술을 사용하는 것으로 이루어진다.분자요리 전문 셰프chef로는 스페인의 엘 불리el Bulli를 운영하던 페란 아드리아Perran Adria가 있으며, 그는 2011년 레스토랑을 닫고 분자요리 연구를 위한 엘 불리 재단el Bulli Foundation을 설립했다. 최근 분자 요리학은 맛에 대한 연구를 포함해 발암물질을 억제하는 요리법을 연구하는 등, 건강 분야까지 연구 범위가 넓어지고 있다. 근래 모 대학에 분자요리 한 연구소 소장은 이 분자요리에 대해 "음식의 맛은 물론 보고, 느끼고, 즐길 수 있도록 하는 재미적인 요소가 중요시되면서, 분자요리나 액화질소와 같은 과학적 요소들의 쓰임새와 중요성이 커지고 있다."고 설파한다.

이제 소개되는 분자요리의 세계, 그 확장된 미래가 과

연 미식가의 입맛을 넘어 미래의 음식문화의 외연을 펼쳐, 먹거리 창출에 도움이 될 것인지, 자못 궁금증을 감출 수 없다.

* 이 글의 상당부분은 전문가인 함동철 교수의 『창작 조리를 위한 분자요리』를 참조하였다.

4부

시인을 찾다

1. 유완희시인을 만나다

2013년 여름비가 온 뒤라서, 습기가 후텁지근한 정오쯤에 만나기로 한 송은松隱의 묘소로 가는 길은 질퍽했다. 무더운 여름날 송문리 뒷산의 급경사를 오르니, 동네가 한눈에 훤히 보이는 명당이다. 묘소를 이장한지 얼마 되지 않은 듯, 덮인 뗏장이 오솔하다. 답사를 마친 후 몇몇 관련 지인들과 유족들이 모여서 점심을 먹으며, 두루 얘기를 나누고 헤어진 것이 첫 만남이고 송은松隱의[3] 자취에 대한 답사踏査였다.

3) 송은 유완희시인은 시대에 따라 적구赤駒, 유주柳州, 송은松隱 등으로 구분하여 사용해왔다.

유완희 시인

예전부터 용인에서는 류柳씨들이 모든 분야에서 두드러지게 활약을 보여주던 참이다. 그들의 선조중에는 이처럼 유명한 인물들이 다수 발견되기도 한다. 그런 가계 인물중에 송은松隱 유완희柳完熙 시인이 있었으나, 아직껏 이런 인물이 용인에 묻혀 있는 줄은 아무도 몰랐다. 그간 용인에서 글을 쓰고 있다는 소위 문학도로서 부끄러운 일이었다. 그의 문학에 대한 자료를 발굴. 소개하고, 궁극엔 한국현대문학사韓國現代文學史에 뚜렷하게 자리를 잡아야 한다는 사명감이 생겼다. 그로부터 매년 이에 따른 세미나와 문학제를 만들어 추진하면서『송은 유완희시인의 문학세계』란 연구서硏究書도 발간하게 되었다. 그나마 어려운 가운데 이젠 매년 열어가는 '송은 문학제' 탄생과 추진에 대해 어느 정도 역할을 한 자신이 자못 대견하다.

그간 우리 문단에서는 해방과 6 · 25전쟁을 전후하여 납, 월북한 문인이나 프로경향의 문인들에 대해 거론을 금기시 해왔으나, 1988년 해금조치를 계기로 작가, 작품들에 대해 활발한 연구가 추진되어 빛을 보게 된 문인들이 많아졌다. 이러한 연구 활동은 근대 우리 문학사에 대한 평가와 기록을 남겨, 후세에 올바른 문학사를 전해주는 일이 우리의 사명이라는데 큰 의미가 있기 때문이다. 더구나 우리 문학사에 적지 않은 영향을 미쳐온 납북 및 월북 작가들의 이념 선택 자체가 인간적 선악이나 작품의 우열 판단 및 문학사적 위치 판단에 결정적 기준이 될 수 없다는데 따른 의미도 있기 때문이다. 그러나 이러한 문인들이 작품이 비록 계급성을 주제로 한 프로문학의 태도와 작품성의 한계를 드러내지만, 우리 문학사에서 이 작가들이 차지하는 의미도 결코 가볍지 않기 때문이다.

1988년 월북작가들의 해금에도 불구하고, 그 중에 6·25 이후 월북越北상태도 아니면서, 실종失踪상태로 연구 표기되어 왔던(북한 문학사) 용인출신의 적구赤駒 유완희 시인이 있다. 유완희시인이 여러 문학사 연구기록에 야인 김창술시인과 더불어 실종시인으로 남겨져 온 이유중에 하나가, 1920년대 중반부터 1930년대 초까지 프로문학 전성기에만 집중적으로 프로경향의 작품들을 왕성하게 발표하는 점에만 부각시킨 결과라 할 수 있다. 또한, 그가 해방 이후에도 야담이나 소설 및 시를 간간히 발표해왔다는 사실은 간과한 결과이다. 더구나, 현재 그의 작품을 모은 시집 한권 제대로 남기지 않은 채,(유가족의 증언은 시집이 있었으나, 6·25전쟁시 소실되었다 함) 광복과 분단을 맞아 계급성을 주 작품소재로 삼았던 프로성향의 문학을 금기시 해왔던 양 체제의 영향으로, 제대로 규명하기 어려웠던 부분이 문학사에서 소외되었던 이유중에[4] 하나일 것이다. 따라서, 유완희시인은 기존 현대문학사에서 어쩌다 이름 정도가 거론되는 정도일 뿐, 몇몇 기록에서는 실종이라는 상태인 그대로 연구결과가 남아 있다. 그러한 사실에 비추어 2013년 그의 후손들과의 면담 및 각종 자료들을 확인하여 부족하지만, 처음으로 지역에 발표하며 지역등에 알려지게 되었다.따라서, 근대문학사에 유일한 용인지역 출신의 유완희시인을 연구하여 재조명하고, 이를 용인지역과 더 나아가 우리 문학적 소산으로 발전시켜나간다는 것은 용인지역후학으로서 당연하고 보람된 일이 될 것이라 생각하며, 아직 생생한 자취가 남아있는 그의 유적을 더듬어 발굴, 연구, 발전시키고자 하는 뜻으로 용인출신 유완희 시인의 생애를 살펴본다.

유완희시인의 본관은 전주全州, 성은 류柳, 이름은 완희完熙, 자는 공벽公壁이며, 호는 적구赤駒, 송은松隱, 유주

4) 김재홍, 한국현대시인연구(2)- 일지사 147쪽.

柳州라 썼으며, 1901년 11월25일 경기도 용인군 내사면 송문리 429번지 1호에서 출생하였다 부친은 일제 강점기 때 한양사범대학의 졸업하고, 초등학교 교장을 지낸 유학수柳學秀이고 모친은 이점순李点順의 3남1녀 중 장남으로 태어났다.[5)]

유완희柳完熙 시인은 1915년 3월 양지보통학교를 졸업하고, 1920년 관립 경성고등보통학교(현 경기고)를 졸업하였으며, 1923년 3월 경성법학전문학교(현 서울대 법대) 본과 3년을 졸업했다. 유시인은 경성고등보통학교 재학중에 영월 참봉 엄규경嚴桂炅의 딸인 엄남희와 결혼하였으며, 3남3녀 기헌基憲, 기훈基薰, 기붕基鵬과 기정과 기선의 자녀를 두었다.

유완희시인은 중학시절부터 문학에 특별한 관심을 보여 법률가가 되라는 주위의 권고를 뿌리치고, 집안의 노부모를 모셔야 하는 맏아들로서 당시 많은 문우들이 떠난 일본유학을 가지 못하고, 신문사의 기자記者로 취업하여 활동하면서 당대 사회의 모순과 불합리성을 파헤치는 기

5) 유기송, 유기창-전주유씨 연구회-2013 자료.

사를 쓰는 한편, 시詩창작의 길에 들어섰다. 그러나 유족들과 여러차례 면담한 결과 집안사정이 가난할 정도는 아니었다고 정정訂正해왔다.

1923년 4월 《경성일보》 편집부 겸 학예부기자로 활동했고, 이후 1924년 11월에서 1925년 6월 1일까지 《동아일보》편집, 사회, 학예부에 근무했으며, 1925년 6월 《시대일보》, 《중외일보》에 근무했다. 또한 그는 직필로 일제에 저항하는 글을 게재했다가 명예훼손혐의로 1926년 11월 6일에서 그다음해인 1927년 2월 5일까지 형무소에 수감되는 시련을 겪기도 하였다. 1927년 8월부터 1934년 3월 30일까지 《조선일보》 등의 편집부장등 기자생활을 했다. 1928년 이후 경성여자미술학원과 조선문학원 등에서 강의를 했다. 1934년 《조선중앙일보》 편집부에서 일했으나, 1936년 손기정 선수의 일장기 말소사건과 관련하여 1937년 11월 폐간됨에 따라 기자생활을 그만두고, 1938년 1월 평안북도 강계로 가서 출판사인 기문사 총지배인으로도 일했다.

1946~1947년 11월 용인여자중학교를 설립하는데 중

추적인 역할을 하고 유관희교장을 추천하였으며, 이후 용인중학교로 변경되어 현재에 이르렀다. 1948년 교통부에서 상임 촉탁 일을 보다가 1949년 6월 고향인 용인으로 돌아가 용인고교 병설인가, 용인중학교 교감, 송전중학교 교장으로 일했으며, 1955년 12월 14일 송전중학교 교장직을 사임하고, 서울신문사 편집국장이 되었다. 1956년 8월 20일 서울신문사 편집국장직을 사임하고, 세계일보사 논설위원이 되면서 유주柳州의 필명으로 각 월간지 및 문예지에 야화野話을 수차례 발표하였다. 1960년 신병身病(肝)으로 세계일보사 논설위원직을 사임한다 그 후, 향리鄕里에서 지병을 요양하던 중, 1964년 2월 17일 용인 자택에서 별세하여 송문리 선영에 안장되었다 그는 근대사 중 일제의 강점기시대에 시와 산문등, 글로서 항일에 앞장섰던 유일한 용인지역 출신의 시인이었다.

유완희 시인은 1920년대 중반에 등장하여 1931년 카프 1차 검거 및 1934년 2차 검거 무렵까지 주로,『개벽』,『조선지광』및《조선일보》를 중심으로 적구赤駒라는 필명으로 시와 소설, 평론 등을 발표하였다. 1925년에 평平기자 중심인 민주언론단체의 철필구락부사건鐵筆俱樂部事件[6]으로 동아일보에서 퇴사退社하였으나, 1925년 11월 2일 시대일보에 신경향파 문학의 정당성을 논한 비평「객관주의예술」과 「주관주의예술」을 발표하면서 문예활동을 시작하였다.

1926년 4월에는 개벽開闢에 적구赤駒란 필명筆命으로 여직공女職工, 희생자犧牲者, 찰나刹那, 향락시장享樂市場을 발표하였으며, 11월엔 필화사건으로 《중외일보》의 '거미줄란'에 집필한 기사가 명예훼손죄로 기소되어 3개월간의 옥고獄苦를 치렀다. 그 후 프로시 "나의 요구", "나의 행진곡", "가두의 선언", "민중의 행렬"등을 발표하여 항일抗日에 앞장섰으며, 카프가 결성되자 적극적으로 참여하지는 않았지만, 카프의 준기관지 성격을 띤 문예운동 2호(1926.5)에「신흥문예의 예술적 가치」라는 평론을 실어

6) "1925년 5월 경성 내內 사회부 기자들 모임인 '철필구락부'가 임금인상 투쟁을 위한 맹휴盟休를 벌였을 때, 박헌영은 사회부 기자 김동환, 심훈, 유완희, 안석주, 임원근에 동조해 조동호, 허정숙 등과 함께 동아일보에서 퇴사하였다." 〈경종경고비(京鍾警高秘 · 경성종로경찰서 고등경찰 비밀문서) 제5674호, 제5674호의 3, 언문(諺文 · 한글)신문기자 맹휴에 관한 건, 1925년 5월 22일, 5월 25일〉

카프노선에 대한 지지를 명하였다. 1920년대 중반이후 30년대 후반까지 『개벽』, 『조선지광』, 『조광』, 『삼천리』, 《시대일보》, 《조선일보》 등에 시, 소설, 평론, 수필을 발표했고 세계의 프로시를 번역해서 싣기도 했다. 1920년대 중반이후 30년대 후반까지 개벽開闢, 조선지광朝鮮之光, 조광朝光, 삼천리三千里, 시대일보時代日報, 조선일보朝鮮日報 등에 시詩, 소설小說, 평론評論, 수필隨筆을 여러 편 발표하였다. 정우택의 「赤駒 柳完熙 生涯와 詩世界」[7]에서는 1920년 프로레테리아 문학의 대표적인 시인으로 이상화, 박팔양, 김창술, 그리고 유완희시인 이라고 서술 한 바 있으며, 『카프문학연구』[8]에서는 김창술과 유완희시인 등이 염균사 계열의 시인들과 주도적인 시작 활동을 지속적으로 보여주고 있다고 서술하고 있는 등, 주 멤버로 활동했다는 기록을 남기고 있다.

따라서, 그가 프로문학 카프 〈KAPF(Korea Artista Proleta Federatio)〉 에 가입했다는 의견과 그런 경향의 시를 몇 편 발표했다고 해서, 카프 맹원이라든가 또한, 일부의

7) 정우택 ,「赤駒 柳完熙 生涯와 詩世界」,반교어문학회, 1991. 262쪽.
8) 역사문제연구소 -『카프문학운동연구』, 121쪽, 1989, 역사비평사.

주장처럼 카프 창설당시 참석치도 않은 유시인을 카프의 멤버라고 구분하는 것엔 무리가 있다는 의견이다. 그러나 그의 작품 경향이 당시 유행하고 있던 사회주의 계열의 프로문학을 지향하고 있는 점은 그를 카프 멤버로 포함시키는 오류가 발생할 수 있는 여지를 남겨 놓았다고는 볼 수 있다.

이처럼 논란이 되고 있는 우리문단의 카프의 발생은 1920년대 초에서 1935년 카프조직이 해체될 때까지, 일본 강점기 압제시절에 사실상 당대 문학예술운동의 한가운데 자리 잡고 있었다 해도 과언이 아니다. 카프의 중심은 무산계급無産階級예술운동이었으며, 우리문학사의 중심이었던 것처럼 여겨왔던 민족 부르쥬아 및 소자산계급의 개량성의 한계를 드러냄으로써 중심이 민중에게로 이전된 역사적인 사건이라 할 수 있다.

또한, 마르크시즘에 기초한 무산계급의 시로서 카프계열의 시인들에 의하여 발전되었다고 밝히는 카프에 대하여 "참여 시인으로는 김기진, 조명희, 김창술, 김해강, 박세영, 유완희, 박팔양, 임화, 김형원, 김동환, 박아지, 이호, 정노풍, 이찬, 권한, 권구현, 김화산, 김대풍, 이치, 안막, 안함광, 등"[9]으로 분석하였다. 이러한 결의와 모임의 성격에 대해 카프 결성 당시나 그 이후에, 유완희시인의 프로 카프단체의 참여 여부에 대한 확인이다.

그러나, 1925년 카프 결성 당시 염균사계열의 문인들인 이적효, 이호, 김홍파, 김두수, 최승일, 심대섭, 김영팔, 송영과 PASKYULA 계열의 김형원, 이익상, 안다영, 박영희, 김기진등이 게열의 문인등이 조직한 예술운동 단체였다. 그러나, 어디를 보아도 카프 결성당시에 유완희 시인의 이름은 없다.

박정호도 유완희시인이 경향시의 대표시인이라 할 수 없지만, 경향시에서 보이는 선전, 선동의 성격이 분명하게 나타나 있으나 가입여부는 단정키 어렵다는 것이다.

"시로서는 존재하지만, 시인으로서는 거의 알려진 바가 없는" 그의 생애는 그럼에도 불구하고, 카프의 대표작으로 꼽히기도 하는 아이러니가 적구 유완희시인 이다.

---

9) 박정호, 「유완희의 경향시 연구」, 우리어문학 연구 제2집, 1990 한국외대 사범대학 한국어교육 22쪽.

이러한 분위기가 대두 되던 카프등장이 1920년대부터 활발하게 문학계에서 개진되는 상황이었다. 유완희시인은 이러한 국내문학계의 경향이 진행되는 1925년부터 일제 착취에 대한 무산계급의 아픔과 극복을 위한 무산계급의 선전 선동에 이르는 카프계열의 프로 시를 연속하여 발표한다.

그의 발표시로 「거지」(1925년), 「여직공」(1926년), 「犧牲者」(1926년), 「나의요구」(1927년), 「나의 행진곡」(1927년), 「가두의 선언」(1927), 「민중의 행렬」(1927), 「오즉 전진하라」(1928년), 「1929년」(1929년) 등등으로 이어진다. 2007년 북한 문학잡지 『조선문학』 8월호는 경향문학파 프로시인 유완희를 "계급성이 뚜렷한 전투적 시인이었다"는 등, "민중을 위한, 그리고 전투적이고 호소성이 강한 작품 창작"이라며 특히 "유완희의 '민중의 행렬'은 압제자를 반대해 나선 무산無産민중의 낙관을 담고 있는 시로, 사회주의적 사실주의 작품으로 높이 평가한다"고 보도한 바 있다.

지금껏 적구 유완희시인을 집중 연구 발표한 논문이 크

게 두 편이 있고, 송은 문학제가 시작되면서 2014년부터 발제한 강정구, 김선주, 이동재, 김종태, 맹문재교수들의 소논문이 몇 편 발표되었다. 박정호의「유완희의 경향시 연구」[10]와 정우택의 논문은「赤駒 柳完熙의 生涯와 詩世界」가 소논문으로 1990년과 1991년에 각각 발표되었다.

박정호의 연구는 유완희 경향시에 대하여 우선 정리하면서 경향시란 프로문학, 카프문학, 맑시즘 문학, 계급문학, 빈궁문학, 좌경문학, 사회주의문학, 이데올로기 문학 등으로 불려지는 이러한 개념들을 포괄하고 있는 것과 마찬가지로, 프로시, 목적시, 카프시 등으로 구분하였다.[11]

또한, 경향시의 전개 과정등에서 박팔양을 비롯하여 조명희의「농촌으로」, 김창술「전선으로」, 김동환의「우리 사남매」임화의「우리 옵빠의 화로」등의 시인들의 작품들과 같이 식민지 체제내의 개량주의를 거부하고 혁명적 노동운동을 주도해나가는 선동시를 선보이는데, 그 주요 프로카프시에 유완희 시가 대표적으로 선정되었다고 분

10) 박정호,「유완희의 경향시 연구」, 우리어문학 연구 제2집, 1990 한국외대 사범대학 한국어 교육과.

11) 위의 논문 21쪽.

석하였다.

또한, 그는 서사시에 「여직공」, 「犧牲者」 등으로, 선동시로는 「나의 행진곡」, 「가두의 선언」, 비극 서정시로「오즉 전진하라」, 「어둠을 훑으는 소리」, 「단장」 등의 시를 사례별로 구분 분석하며, 유완희 시 분석에서 "결구에서 분출되었던 분노와 저항의 시정신은 민중동원과 결부된 선정구호로 현장 투쟁의 공격성이 격정적인 어조와 빠른 호흡, 직설 화법으로 묘출되어, 전달 동기가 과도하게 작용하며 일방적 명령과 감탄, 선언형의 문장들로 이루어져"[12]있다는 지적하고 있다

또한, 정우택의 「赤駒 柳完熙의 生涯와 詩世界」는 문학사 처음으로 유완희 시인의 생애에 대해, 유가족의 자료를 바탕으로 전기적인 행로를 자세하게 소개하고 있다. 특히, 언론사 근무시절 기사 및 비평을 통하여 일제에 직필로서 저항하다가 1926년 11월에는 필화사건에 연루되어 실형을 선고받고 형무소에 입감되는 사실과 박팔양의 주장대로 카프단체에 가입사실과 달리 가입사실은 없으나, 카프문인들과 긴밀한 관계를 유지하고 있었다고 분

12) 위의 논문 53쪽.

석한다.

유완희의 시세계에는 민중현실과 개인적 절규에 해당하는 시편으로서 「거지」, 「여직공」, 「희생자」 등을 분석하며, 낭만파 시인들의 현실의 공포에 질려 피안의 세계에 도피할 때, 유완희도 그 중압감에선 완전히 벗어나진 못했지만 그 세계를 뛰어나와 모순을 비판, 폭로하고 꼿꼿이 맞서보려는 자세를 취하고 있다[13]고 보는 것이다.

또한 그는 시세계 분석으로 민중의 진출에 대한 관념적 형상화로서 "출구를 찾지 못하고 개인적 차원에 머물던 유완희 시인은 1920년 후반 민중들의 혁명적 진출에 고무되어 카프 1차 방향전환 논리를 수용하여 새로운 시적 모색을 갖게 된다"고 분석한다.

사례 시들로서 「나의 행진곡」, 「가두의 선언」, 「민중의 행렬」, 등을 분석 비평하며 이를 통해 작가가 프롤레타리아 계급의식으로 무장함으로써, 그 이념을 반영함에 따라 문학적 성취를 담보할 수 있다는 그릇된 문학관을 갖고 있다면서, 그 예로 임화는 이시기에 "종이 위에서 거리와

---

13) 정우택의 「적구 유완희의 생애와 시세계」, 『반교어문연구』(반교어문학회, 1991)270.271쪽.

흥분을 노래하고 머릿속에서 민중을 만들어 내고, 철필을 쥐고 민중심리를 분석하였다"[14)]고 하였다.

또한 자의식으로서의 비관주의적 시상에 대해선 카프 내에서도 주요 비판의 대상이 되었다" 적구의 시는 격동적이요 선정적이다 그의 시가 개념에 흘러 좀 더 실감있는 시를 요구할 것이다 …… 노동계급의 투쟁의욕을 순간순간에 구체적인 감정에 있어서 파악하는 이라야만 진정한 의미의 프로레타리아 시인이 도리 것이다"고 비판한다.

그는 1920년 후반엔 「바람」, 「봄의 서울밤」, 「無聲泣」 등의 시들이 현실에의 대결의지에서 자의식과 갈등하는 시적 주체는 대응의지를 포기하고, 내성 중심의 비관주의와 감상주의로 몰아가고 있다 식민통치의 질곡속에서 시적 주체의 무기력과 양심적 갈등, 자괴감등을 형상화한 것으로 판단된다는 것이다.

그리고 강정구는 "3 · 1운동 이후 식민지 사회의 민족운동은 부르주아 민족주의 좌우파와 진보적 민족주의와

14) 위의 논문 275쪽.

사회주의 세력으로 구분되었는데,[15] 유완희의 생애와 시를 자세히 검토해 보면 그는 부르주아 민족주의 좌파의 경향을 지닌 시인으로 분류된다고 분석했다". 이러한 논의는 당대의 민중을 옹호하고 독립 투쟁을 주창했던 지식층이 비단 카프 계열뿐만 아니라 다층적으로 존재했고, 그리고 카프 계열로 분류되었던 몇몇 시인 · 작가의 정치적인 경향을 좀 더 세밀하게 재분류할 필요가 있다고 본다.

그 동안 연구사에서는 1920-1930년대에 김기진, 민병휘, 신고송, 안막 등의, 그리고 1940-60년대에 박세영과 백철 등의 카프 참여 문인들은 카프시를 논의한 자리에서 유완희를 카프 계열의 시인으로 간략간략하게 살폈고,[16] 이러한 이해는 그를 바라보는 기본적인 시각으

15) 식민지 시기의 민족운동은 3 · 1운동 이후 그 세력에 따라서 실력양성과 그를 통한 독립을 주장한 부르주아 민족주의, 무산계급혁명과 그를 통한 일본 자본주의의 전복과 독립을 기획한 사회주의, 계급운동의 필요성을 인정하지만 시기상조이므로 독립운동을 후원 · 지지해야 한다는 여운형 중심의 진보적 민족주의로 삼분됐다. (박찬승, 「일제 지배하 한국 민족주의의 형성과 분화」, 『한국독립운동사연구』 15호, 독립기념관 한국독립운동연구소, 2000, 35-95면;

16) 김기진, 「10년간 조선문예변천과정」, 《조선일보》 1929.1.27.; 민병휘, 「조선프로예술운동의 과거와 현재」, 『대조』 5호, 1930.8; 신고송, 「시단만평」, 《조선일보》 1930.1.10.; 안막, 「조선 프롤레타리아 예술 약사」, 『사상월보』, 1932.10; 박세영, 「조선프로시사론」, 『문학비평』, 1947.6; 백철, 『백철문학전집4』, 신구문화사, 1968, 306면.

로 자리 잡았다. 박팔양도 그의 회고 글에서 유완희가 카프 조직에 참여했고 사회주의 신념을 지향했음을 주장했다.[17] 유완희에 대해서는 1980년대의 신동욱과 김용직이 카프 계열의 시인으로,[18] 그리고 김윤식이 카프 맹원으로 분류했으며,[19] 심지어 권영민은 해방이 되자 자신의 고향인 용인으로 월남하여 활발하게 정치 · 문화 · 교육 분야에서 활동한 사실을 모른 채로 월북문인으로 규정하기도 했다.[20] 또한 북한 문학사에서도 노동계급의 혁명과 승리를 노래하는 시인으로 검토되었다" 고 분석하면서, 결국은 유완희가 식민지시기에 보여줬던 이력은 부르주아 민족주의 좌파에 가까웠다.

김종태는 유완희시에 대해 "자연을 중심으로 한 유완희

17) 박팔양, 「시인 유완희에 대한 회상」, 『청년문학』, 평양, 1958.4, 64면. 이러한 박팔양의 주장은 유완희가 카프 조직에 참여한 조직원이 아니었다는 점에서 오인에 의한 것이었다.(박정호, 「유완희의 경향시 연구」, 『우리어문학연구』 2권1호, 한국외국어대학교, 1990, 35면.) 이후 『문예운동』 2호 이외에 카프 조직에 참여하거나 그 조직에서 발행한 잡지에 글을 게재한 적이 없었던 것으로 보아서 카프 조직원이 아닌 것으로 판단된다.
18) 신동욱, 『우리시의 역사적 연구』, 새문사, 1982, 105면; 김용직, 『한국근대시사연구』, 학연사, 1986, 165면.
19) 김윤식, 『한국근대문예비평사연구』, 일지사, 1986, 194면.
20) 권영민, 『한국민족문학론연구』, 민음사, 1988, 378면.

의 서정시가 우울과 비애만을 형상화하는 것은 아니다. 「춘영春咏」, 「봄의 서울 밤」 등의 시가 자아의 축소된 모습을 보여주고 있다면서 그의 시는 자연의 생동감에 공감하는 역동적인 시의식을 통해서 자아의 확대된 모습을 보여주고 있다."며 시의 서정성에 대한 내면구조에 대해 분석한 바 있다.

또한 이동재는 "그의 유일한 단편소설인 「英五의 死」는 부분적인 결함에도 불구하고 임금 인상을 위한 노동자들의 동맹파업, 노동자들의 단합과 동지 의식의 문제, 고용주와의 대립과 계급의식, 고용주인 자본가들이 이윤의 극대화를 위해 행하는 피고용인들의 해고와 파업 주동자들의 처리 문제, 자본가들끼리의 경쟁과 단합, 파업 주동자로 낙인 찍혀 어느 곳에도 재취업이 불가능하게 되는 자본과 노동의 문제 등을 폭넓게 다루고 노동소설로서의 의미를 충분히 가진 소설로서 평가할 수 있었다. 또한 이 소설은 1920~30년대의 노동소설에서 1970~80년대의 노동소설로 이어지는 한국 근대 노동소설의 계보에서 중요한 한 자리를 차지할 수 있는 선구적인 노동 소설로서 평가할 수 있다는 사실을 확인할 수 있었다.

한편 그의 두 편의 짧은소설도 노동자들이 자본주의의 현실과 노동자들의 계급적 인식을 체득해가는 과정을 문학적으로 형상화해내고 있다는 측면에서 의의가 있는 소설임을 확인할 수 있었다. 특히 「脫夢」은 "촌철살인의 기지와 유머를 특징으로 하는 짧은소설을 통해 자본주의의 현실과 노동자 계급의 왜곡된 현실 인식을 풍자적으로 비판할 수 있는 소설적 가능성을 보여주고 있는 소설이란 측면에서도 의의가 있었다."고 분석하였다

김선주는 그의 소설을 거론하면서 "계몽의식과 지식인의 내적인 고뇌를 그리던 시기, 그중에서도 프로문학의 구간은 문학사에서 한 가지 단서로 자리매김 된다. 즉 인간과 세계의 구도를 사회라는 매개체를 통해 무의식적으로 그려내던 어떤 의미론적 세계의 발화 직전의 씨앗 상태가 바로 프로문학과 맞닿아 있다. 이것이 그 시기에는 철학 및 형이상학적 이론을 획득하지 못한 채 사회적 계

급의식이나 개인과 민족의 투쟁, 여직공, 기생 등등의 현실 문제를 다루는 데에 그치고 말았다. 이러한 면에서 우리 문학의 한 시기(당대의 프로문학)를 지금의 미학적, 철학적 차원으로 분석하고, 프로문학의 시기야말로 자본주의 현실과 노동계급의 문제를 그 속에서 자연스레 잉태하고, 정작 소설문학이 나아가야 할 양심적 화두를 제시하는 한국문학의 또 다른 행로였다고 간주해본다. 고 하였다.

2016년 발표한 맹문재는 "유완희 시인은 일제의 식민지 지배 정책에 의해 탄압받는 조선 민중들을 발견하고 함께 대항해나갔다. 그가 노동자 계급과 연대해서 투쟁을 추구한 것은 특히 주목된다. 노동자들은 저임금, 열악한 노동 조건, 민족적 차별 대우 등으로 착취 받는 존재였지만 계급성을 자각하고 일제에 대항했기 때문이다. 또한 민족 해방을 위한 투쟁이었다. 비록 일제가 조선인들의 노동운동을 철저히 감시하고 극악하게 처벌하는 바람에 지속적인 성과를 가져오지 못했지만, 민족 해방을 이루는 토대를 마련한 것이다.

그의 「거지」, 「享樂市場」, 「女職工」, 「街頭의 宣言」, 「民衆의 行列」, 「우리들의 詩」 등의 시작품을 통해 노동자 계급과의 연대와 민족 해방 운동을 추구한 모습을 살펴보았다. 일제의 극악한 통치에 더 이상 물러설 수 없다는 저항의식이 3 · 1운동 뒤 조선에 들어온 사회주의 사상과 결합되어 민족 해방을 추구한 것이다. 일제는 1925년 치안유지법을 공포한 뒤 조선 노동자들의 집회를 금지하고 노동조합의 결성을 규제했으며 노동운동과 관련된 조선인들을 체포하거나 투옥했다. 일제는 조선인들의 노동운동이 노동자의 문제에 국한된 것이 아니라 민족 해방 운동을 주도하는 것으로 간주했다. 실제로 조선의 노동운동은 농민운동이나 학생운동과 마찬가지로 민족 해방을 추구했다. 일제의 지배 계급 혹은 일제와 결탁된 조선인 매국자본가에 대한 투쟁은 곧 민족 해방 운동이었던 것이다.

유완희 시인과 함께한 조선 민중들의 투쟁은 일제의 탄압이 강화되고 구속이 늘어나는 상황에서도 결코 약화되지 않았다. 그것이 곧 민족 해방 운동이라는 것을 인식했기 때문이다. 이라고 분석하였다.

1935년 카프 조직이 2차 검거 이후 해체되면서 카프 주류를 이루었던 임화, 김남천, 박영희, 박세영, 박팔양 등이 월북하여 주체사상 및 개인 숭배사상에 헌신했다면, 적구 유완희 시인은 전주 유씨의 집성촌인 용인지역을 떠나지 않고, 이 세상을 떠날 때까지 향리를 굳건히 지켰다. 유완희 시인은 1955년 12월부터 1956년 8월까지 서울신문사新聞社 편집국장을 지냈는데, 이때 3 · 1절, 6 · 25, 8 · 15등의 기념시를 신문에 게재하는 등, 문필 활동을 했다.

그가 말년에 향리 용인에서의 노후는 학교와 언론사를 교차로 드나드는 평범한 생활로 돌아 와 있었다. 그는 1946년부터 1948년 사이에 용인 중. 고등학교의 설립에 충추적인 역할을 하였다. 또한, 그가 말년 1955년 3월 2일 송전중학교 초대 교장으로 취임하였는데, 이때 송전중학교를 비롯한 태성 중. 고등학교, 용천 초등학교, 용인중학교, 용인고등학교 등의 교가校歌를 작사作詞하였다.

특히, 용인 내 기타 여러 학교의 교가를 작사했고, 그 학교의 교가는 다음과 같이 6개교에 이른다 그 교가를 살펴보면 –

◇ 용인 태성고등학교[21] (작사 유완희/ 작곡 나운영)

1절)

동천에 솟는 해를 가슴에 안고 높즉한 터전위에 자리 잡으니
보기도 장엄하다 우리의 학원 흐르는 김량천을 거울 삼아서
깨끗한 자연 속에 영기를 길러 빛나는 역사를 쌓아 나가세
힘차게 나가자 태성의 건아 길이길이 떨치자 태성의 교풍

2절)

거룩한 스승의 뜻을 받들어 마음껏 지를 닦고 덕을 기르니
밝고도 씩씩하다 우리의 기상 원대한 이상아래 포부를 안고
나날이 자라나는 마–음터 위에 강철같은 의지를 쌓아나가세
힘차게 나가자 태성의 건아 길이길이 떨치자 태성의 교풍

21) 교가 용인 내의 각 학교 교가는 유기송,유기창–전주유씨 연구회–2013, 자료와 부족한 자료를 발굴 추가보완 한 것임.

◇ 용인고등학교 교가 (작사: 유완희/ 작곡 : 이홍렬)

1절)

성산의 메아리 여울져 흘러/ 줄기찬 김량의 넓은 들녘에

우리의 빛나는 배움의 터전/ 자랑타 그 이름 용인고교.

2절)

창공을 날으는 큰 새와 같이 무한한 포부와 희망을 안고

한 학창 한 뜰에 업을 닦으니 자랑타 그 이름 용인고교.

또한, 해방 이후의 작품 활동은 프로 계급의식이나 비관주의에서 완전히 벗어나 철저한 민족주의자로서 3 · 1 독립만세운동, 6 · 25한국전쟁 등을 기념하여「다시 맞는 이 날-1956」-,「기미년을 回顧하며」,「잊지 못할 이 날-1956」등 해방된 조국에 충실한 창작시 등을 발표하였다.

따라서, 유시인은 일제 강점기 시기에 카프 창립등에는

참여하지 않았지만, 프로 계급의 경향을 드러내 보이며 카프주변에서 막대한 영향을 끼치고, 맹원들 보다 더 선동적인 시세계로 카프의 대표적인 작품으로 선정되던 유시인의 사상적 변화는 이미, 해방 전에 이미 서사와 서정시로 돌아 와 있었다. 오히려, 프로 쪽이나 북한 문학사에서 『조선문학』은 "1920년대 말 1930년대 초에 이르러 되살아난 고질병으로 인해, 현실과 떨어진 탁상문학에 빠져들면서 종전의 전투적 시의 형상에서 후퇴하는 경향을 보인다"고 지적한 부분이 바로 유완희 시적 변화의 증거[22]가 이미 이루어진 증거라 할 수 있다. 결과적으로, 그의 초기 시 몇 편을 제외하면, 1928년에 발표한 「봄의 서울밤」, 「다리 우에서」, 1936년 「새해를 마즈며」, 「산상에 서서」, 「냇가에 앉아」 등등에서는 이미 변화되는 서정적 생활시를 볼 수 있다. 또한, 그는 6·25전쟁 시에도 향리에서 피난도 가지 않고 향민들을 보살피며 난세亂世을 지켜왔다 그리곤, 해방 전부터 지역 내에 전무全無한 향리鄕里 교육기관설립設立과 국민교육에 힘썼다.

또한, 그가 해방이후에 지내온 그의 문학적 궤적은 각

22) 2007년 『조선문학』 8월호

종 기고나 산문, 소설 및 야담에서도 전혀 프로계급과는 상관없는 서정적이고, 자유로운 생활인의 모습을 보여 주고 있다는 점이다.

2. 박목월 시의 기독교적 특징에 대해

박목월은 1939년 『문장』지로 문단에 등단한 이래 여러 평자評者로부터 한국을 대표하는 순수 서정시인으로 높이 평가 받아왔다 그러나 사실상 목월의 시작詩作생활은 1933년 「통딱딱 통딱딱」, 「제비맞이」 등 동시童詩를 각각 『어린이』지와 『신가정』지에 발표하는 것을 출발점으로 하여 꾸준한 시작활동을 통해 한국 현대시의 지평을 넓힌 뛰어난 시인이라는 점에 주목할 필요가 있다.

목월은 1939년 「가을 어스름」, 「年輪」으로 문단에 등단한 이후로 1978년 타계하기 전까지 40년 동안 작품활동을 하면서 430여편의 작품을 썼으며, 시작초기에는 자연의 탐구나 정서가 짙게 깔린 시작활동을 하다가 중기 이후 로는 신과 존재의 문제 기독교 정신의 인간관의 탐구로 시정신의 변모를 겪으면서, 신앙시인으로 생애를 마쳤다. 특히 목월은 타계他界하기 전 몇 년 간엔 거의 기독교시만 썼으며, 목월시가 여러차례 변모 과정을 거치는 중에도, 그의 시세계 바탕이 되어 온 것은 동심과 은밀히 숨어있던 신앙심이며 목월의 동시童詩와 신앙시信仰詩를 하나의 맥으로 이어 준다.

목월시를 전적으로 기독교적 세계관으로 시세계의 출발점이 된 동시와 귀결점이 된 신앙시「어머니」시편과 그가 타계한 후 유족들은 그의 기독교시만 모은 시집『크고 부드러운 손』에 담긴 시들이다.

특히, 평생을 시 작업에 매달려오면서 점진적인 변화를 보이다가 결국은 최종적으로 생의 결론을 지을 만한 시집으로 유고시집이 된『크고 부드러운 손』에 대해서는 목월의 전 생애을 걸쳐 닦아온 시 예술의 종합편이 아닐 수 없으며, 그의 생에 마지막에 매달려 신에게로의 귀의와 그리스도 안에서의 점착 상태에서 매달려 쏟아낸 목월의 신앙시들은 그의 마지막 외침이다.

목월시에 대한 논의는 1914년 정지용의 추천사로부터 시작된다.

> 그는 "北에 金素月이 있었거니, 南에 朴木月이 날만하다. 素月의 툭툭 불거지는 朔州龜成調는 지금 읽어도 좋더니만 木月이 못지않아 아기자기 섬세한 맛이 좋다. (중략) 謠的修辭를 多分히 整理하고 나면 木月 詩가 비로소 朝鮮詩다"

목월시에 있어서 요적수사가 정리됨으로써 한국시의 전통에 이를 수 있을 것이라고 지적한 것이다. 정지용은 목월시에 흐르고 있는 향토색 짙은 자연에서 민요의 원천 것을 문득 느꼈기 때문일 것이다. 이 자연과의 연관성 문제가 바로 목월시의 특질정신형성 할 수 있다 이 문제에 대해 최초로 언급한 金東里는 "박목월이 발견하는 시원詩源이 자연이요, 시정이 고독과 애수요, 풍이 민요조로 동일한 가락과 어조로 느껴진다" 라고 지적하고 청록파 세시인의 시적 특질을 '자연의 발견'이라는 공통점으로 요약하였다. 김재홍은『크고 부드러운 손』을 분석하면서 목월시는 신 앞에서 인간의 행복을 노래함으로써 그대단원의 막을 내리게 된다고 지적하고, 그의 시는 그리스도 주안에서 진리의 길, 은총의 길, 구원의 길, 영원의 길을 발견하는 데서 끝맺음으로서, 그의 생애와 시는 신성지향을 드러낸다고 분석한다.

목월은 어머니의 지극한 신앙을 통해 목월 시인 자신도 신앙을 지니게 되었다. 그의 시와 에세이집인『어머니』에서 세례를 받던 날 밤에 저의 머리를 쓰다듬어 주시며 드리던 기도를 생생하게 기억하며 살아왔다고 술회하고 있으며「어머니의 성경」이란 시에서도 신앙의 유업을 물려받아 대를 이어 기독교에 의지하고 있음을 본다 "목월의 어머니는 종교적 성향이 강해 뒷날 그녀가 기독교에 입교하여 죽는 까지 새벽기도를 거르지 않고 계속할 수 있었던 바탕은 여기에 있다. 목월이 국민학교 4학년 때부터 그녀는 교회에 나가기 시작했다." 이런 그녀의 신앙은 어린 목월의 정신형성에 큰 영향을 미쳤을 것이다.

목월은 1940년 시단에 나온 이후 1978년 지병으로 세상을 떠나기까지의 시작 생활에서 기독교시는 양적으로 일반적인 시에 비해 작은 비중을 차지하고 있다. 목월은 어느 시인의 신앙시를 읽고 회답한 글에서 신앙시에 대한 자신의 견해를 밝히고 있는데, "지금까지 내가 대해 온 종교시라는 것이 교리의 되풀이거나, 찬송가적인 신앙고백에 불과한 것들이었습니다. 우리가 지니는 신앙을 본질적인 면에서 구체적으로 밝힌다는 것은 가능한 일이 아닙니다 다만, 신의 눈동자 안에서 우리들의 존재를 인식하며 우리들의 삶의 의의가 그분의 뜻으로 영원하기를 희구하는 일이라 믿습니다." 신앙시는 단순하게 시를 빚는 일이 아니다. 그것은 성실한 체험이 뒷받침해야 하며 신 앞에서 시인으로 시인적인 방법에 의한 신앙의 고백이라야 한다. 시를 쓰는 그 자체가 신앙생활의 일부이며 신앙인으로서의 작가는 신앙시를 씀으로 자신의 신앙을 확인 심화시키는 일이다.

목월의 이러한 의식은 신앙시의 성립요건을 작가의 신

앙성을 작품의 기저에 두고 있음을 알 수 있다. 그는 자신의 시세계를 "168cm나 자신의 키를 넘어서지 못하는 것"이라고 겸손해 하였고 그에게서 시는 내 삶을 밝혀온 지극히 작은 등불 이었다 또는 "시는 그 연령에 따라 입게되는 품에 알맞은 정신의 의상"으로서 시라는 약간의 허영과 취미와 낭비와 먹을 곁들인 이정신의 의상은 자기대로 품에 알맞은 것일수록 어울리는 것"이라고 한다.

또한, 그는 "기독교 신앙시라 함은 신자가 자기 신앙심을 직접적으로 표출한 시를 말하며, 따라서 일반적인 시에서 추구하는 애매모호하고 난해한 은유나 상징등에 의존해서는 안되고, 또한 신앙과는 관계없이 기독교적 소재를 단 적으로 시에 도입했다고 해서 그것을 신앙시라 할 수도 없다"고 한다.

이는 목월의 신앙시에 대한 정의라고 할 수 있는데, 정지용, 김현승, 박두진, 박목월등은 한국 현대시사에서 대표적인 시인들로 평가 받고있는 기독교 시인들로서 그들의 개인적 신앙 체험이 다르듯이, 그 체험의 소산인 신앙시의 은유들도 제각기 독특한 특성들을 지니고 있다.

구원의 신앙 체험을 절제된 은유로 형상화함으로써 묵시적 세계를 창조해 보여준, 정지용의 경우와 인간적인 갈등을 부여안고 고뇌의 습을 보여준, 김현승의 경우가 신앙시의 나아가야 할 가능성을 제시해주는 사례라고 할 수 있다. 기독교적 신앙체험이 무의식 상태로 작품속에 용해되어 있을 때 가장 바람직한 기독교 시가 될 수 있다는 T.S엘리엇의 주장은 신앙과 예술의 지극한 조화를 추구하는 기독교 본격시의 경우에 어울리는 이론일 뿐 아니라, 신앙시의 경우에도 적용되는 것이다. 흔히 신앙시에 대해 가지기 쉬운 예술적 한계성이라는 선입견도 작가의 역량에 따라 극복될 수 있음을 암시해 준다.

목월에게는 어머니가 향수의 근원적 대상이며 동심의 회귀처로서 신앙의 모태임을 「어머니」 시편을 통해서 찾아볼 수 있다. 박목월의 시집 『어머니』 속에서 나오는 '어머니'는 서정적 자아가 절대자인 '하나님'에게 이르게 되는 매개자이고 그의 신앙이 된다. 목월의 시편들 중에서 절대자 '하나님'의 존 재와 사랑과 섭리가 본격적으로 나타나는 것은 이 『어머니』 시집부터이다.

그런데 여기서 나오는 절대자 '하나님'은 항상 '어머니'를 통한 간접 만남의 형식을 취하고 있다. 박목월이 '하나님'을 자기의 '하나님'으로 만난 모습은 말기 시집인 『크고 부드러운 손』에 이르러서야 본격적으로 나타난다.

또한 세례를 받기 전 정결한 내의를 갈아 입혀 주는 어머니에게서 경건한 신앙세계로의 안내자로서의 모습을 볼 수 있다. 어머니가 아들의 세례를 기뻐하며, 사도신경을 외며 단정히 꿇어앉은 채 울고 계시는 어머니의 모습에서 어머니의 깊은 신앙심을 읽을 수 있으며, 그런 어머니와의 생활 속에서 성장 한 소년에게 어머니의 이미지는 기독교 신앙심과 이어진다.

> 최초로 물고기라는 생명체를 제 손으로 잡아 올리는 두렵고 신기한 경험속에서 無意識的으로 달려가는 대상은 어머니이다. 이처럼 어머니는 童心이 찾아 본능적으로 回歸하는 安息處이다.
>
> 소년시절 세례를 받고 났을 때 회상하는 시 「수요일의 밤하늘」에서 세례를 받는 시간의 同行者가 바로 어머니 이다.

어머니는 내의를 가랑 입혀 주셨다. 새하얀 런닝셔츠와 정갈한 팬츠.

그날밤 소년은 세례문답을 받게 되었다. 성경책을 끼고 소년은 등성이를 넘어갔다. 머리를 곱게 빗은 어머니가 소년 옆에 따라 왔다.

약간 골 이난 듯한 어머니의 긴장한 얼굴.

삼일만에 불이 켜지는 수요일의 밤 예배.

—「**수요일의 밤하늘**」 **부분**

경건한 의식의 한 장면이 나온다. 그것은 세례를 받는 시간에도 어머니는 신과 함께 내게로 온다. 더구나 모성에게로, 신에게로 가는 자세는 허물없는 원시의 알몸으로, 그 위에 정갈한 내의와 팬츠까지 어머니는 배려한다.

이처럼 어머니는 동심에의 회귀처이자 신앙의 모태로 작용하는 것이다. 어머니에 대한 사랑과 존경, 그리움은 어머니의 신앙을 매개로 하여 종국에는 신에의 완전한 귀의로 나아가게 한다. 이러한 신앙 세계의 본격적인 입문은 어머니가 유물로 남겨 준 성경을 통해서이다.

유품으로는
그것 뿐이다.
붉은 언더라인이 그어진
우리 어머니의 성경책.
— 중략 —
가죽으로 장정된
모서리마다 헐어버린
말씀의 책
어머니가 그으신
붉은 언더라인은
당신의 신앙을 위한 것이지만
오늘은 耳順의 아들을 깨우시고
당신을 통하여
지고하신 분을 뵙게 한다.

—「어머니의 언더라인」 부분

이 시에서는 목월의 어머니가 신약성서에 등장하는 디모데의 어머니 유니게

와 같이 아들에게 신앙의 유산을 남겨줌을 알 수 있다. 어머니의 성경책을 떠올리며 성경속의 세계를 믿음으로 확인하듯이, 목월 역시 성서의 기사를 믿음으로 수용하면서 서로 형상화하고 있다. 이렇듯 난해한 상징이나 복잡한 시적 기교를 부리지 않고 성서의 기사를 믿음으로 수용하여 기도하는 형식으로 표현하고 있는 시인의 태도에서, 목월의 의식이 초기의 엄격한 형식미를 추구하던 세계에서 이제 얼마만 한 내적 변화를 가져 왔는지를 짐작할 수 있다.

목월이 작고한 후에 발간된 유고 신앙시집『크고 부드러운 손』은 그의 전생애에 걸쳐 닦아온 시 예술의 한 큰 결실로 평가 된다. 이 시집의 시편들은

모두 다 기독교시에 속하는 것으로 총 60편 가운데 찬송시가 12편, 기도시가

13편, 그리고 기독교 본격시가 35편에 이른다. 목월은 그의 신앙체험을 관념으로 표현하기보다는 그것을 정서

화하여 참신한 은유로 형성화하는데, 노력함으로써 그의 기독교 본격시는 말년까지도 생경한 관념을 극복하고 밀도있는 구조를 지니게 된다.

크고 부드러운 손이
내게로 뻗쳐온다.
다섯 손가락을
활짝 펴고
그득한 바다가
내게로 밀려온다.
인간의 종말이
이처럼 충만한 것임을
나는 미처 몰랐다.
허무의 저 편에서
살아나는 팔.
치렁치렁한
성좌가 빛난다.
목 언저리쯤

가슴 언저리쯤

손가락 마디 마디마다

그것은 보석

그것은

눈짓의 신호

그것은 부활의 조짐.

—「크고 부드러운 손」 부분

박목월의 시를 초기, 중기, 후기로 나눌 때 초기시는 자연의 서정을, 중기는 현실적 생활 감정을,후기는 허무와 죽음의식을 주로 노래했다고 본다.

그러나, 그의 유고시집『크고 부드러운 손』에 의해 박목월은 그의 말년에 이르기까지 신앙을 놓지 않았으며, 결국 그 자신의 영혼을 신에게 맡김으로서 신과의 화해에 도달한 것으로 보아야 할 것이다.

그의 유고시집 신앙시집 표제명과 같은 제목의 작품으로 말년의 그의 신앙이 부활을 실감하는 경지에 까지 도달했음을 보여 준다. '크고 부드러운 손'과 '허무의 저편에서 살아나는 팔'이란 은유는 그가 갈등 속에서 때때로 회의에 빠지기도 했던 절대자의 존재를 신앙 체험을 통해 확고하게 인식되었음을 암시한다. 이와같은 현상은 같은 시기의 김현승에게서도 시의 변화가 나타나는데, 그의 제4기라고 할 만한 절대 신앙 시기에 지은 시에서도 깊은 신앙심이 보인다.

당신의 불꽃속으로
나의 눈송이가
뛰어듭니다

당신의 불꽃은
나의 눈송이를
자취도 없이 품어 줍니다

— **김현승, 「절대신앙」 전문**

김현승의 신앙에 대한 복종은 불꽃속으로 투신하는 나의 눈송이처럼, 지극히 의미없는 자신의 존재를 말하며 의탁한다. 그 자신이 미미한 눈송이고 불꽃은 바로 절대신이다. 이러한 종교적 의탁이 김현승이 지병을 앓고 나서, 투병하면서 얻은 간절한 염원이고 지극한 종교로의 귀의이다. 믿고 맡기는 특유의 종교상에 몰입된 김현승의 기독교적 시세계는 그런 의미로 목월과 비슷한 점이 많다고 할 수 있다.

목월은 신에게로의 절대적인 점착을 통해 모든 것을 이룰 수 있다고 생각하고 있으며, 이에 대한 의지로 이제는 절대적 말씀인 성서에 귀착하게 된다.

자신의 모든 판단을 신에게 양도하며 자신을 눈먼 장님에 비유하고 있다.「믿음의 흙」에서는 그가 동시에서부터 자주 소재로 사용해 왔던 한국인과 친숙한 제비가 등장한다.

> 실로암의 연못에서
> 씻음으로 장님은
> 눈을 뜬다.
> 심령의

눈 먼 자여

영혼의 장님이여

안다는 그것으로

눈이 멀고

보인다는 그것으로

눈이 멀고

보인다는 그것으로

보지 못하는

오만과 아집 속에서

진흙을 이겨

눈에 바르게 하라.

진흙이 무엇을

뜻하는 것인지도 모르고

제비는 둥우리를 마련하여

알을 까는 믿음.

진흙을 이겨

눈에 바르고

보냄을 받은 실로암의

연못에서

눈을 씻자.

— **목월, 「믿음의 흙」 부분**

박목월 기독교 시의 특징은 성경의 현대적 해석으로 특징 지 울 수 있다. 우슬초, 진흙과 같은 과거사건의 사물을 현대적 신앙의 성숙을 위한 재해석의 바탕으로 삼는다. 영혼이 눈먼 자에게 진흙을 바름으로 영혼의 눈을 떠서 거짓과 참됨을 분별하는 눈을 가지라고 말한다. 위의 시는 요한복음 9장에서 그리스도가 소경의 눈에 진흙을 바르고, 실로암 연못물에 씻게 함으로 소경된 자를 고쳐준 사건을 소재로 하여 현대적 해석을 낳은 것이다. 진흙을 매개로 영혼이 깨기를 바라는 현대적 해석과 같이 과거 종교적 사건을 현대적으로 해석하는 경우 사물을 상징적 의미로 나타나게 되어 알레고리적 성격을 띠게 되기 때문에 이 진흙은 승화된 흙으로 결국 광명의 세계로 이동시켜 주는 매개가 된다.

신앙의 세계는 논리의 세계가 아니다. 동심의 세계도

역시 논리의 세계는 아니다. 여기에 신앙과 동심의 동질성이 놓여 있는 것이며 진실로 어린아이와 같지 않으면 결단코 천국에 들어가지 못하리라고 그리스도는 가르치고 있다. 『크고 부드러운 손』에서 목월은 어린아이의 마음으로 믿음의 예루살렘 성을 쌓아 올린다고 고백 했거니와 그의 신앙 시 여러 편에서 동심과의 동질성을 확인할 수 있다. 문체가 어린이 어투가 발견된다.

이 연령에,

범죄할 리 없을것 같았다.

그럴수록 남은 여생을,

얼룩없이 살기를 다짐하며,

우리들의 앞길에도

순결한 축복의 눈이 쌓이고,

깨끗하기를 간구한다

벌써 크리스마스가 다가왔군요,

그렇군,

올해 성탄절에는 성가대에 끼어,

우리도 큰소리로,

구주 예수 오셨네를 부르며,

골목을 누벼 볼까요

함박눈이 오고 있었다

그리고 벌써부터

성탄절 새벽의

경건한 아침 공기가

방안에 서려왔다

—「성탄절을 앞두고」 부분

목월시의 종결 형태는 초기에는 대개 명사로 끝나 시적 긴장감과 정제된 언어 미학을 추구하며 후기에는 서술형태의 다소 이완弛緩된 율격을 보이지만 어느 시에도 화자 자신이 '해요'체를 쓰는 경우는 보이지 않는다. '해요'체는 어린 아이들의 어투로서 비격식에 속한다. 그러므로 어른의 격식을 차린 말투로 신에게 고백하는 것보다는 어린이의 단순하고 천진한 동심으로 친근한 자세로 다가가는 것이, 신에게로의 귀의방식에 믿음을 더욱 확고히 하는 것이라 생각하는 것을 알 수 있다. 드디어 목월은 현재의 상태에서 더 나은 곳으로의 벗어나기, 더 높은 곳으로 향하기, 승화하기로 귀착되어 적극적 초월을 꿈꾼다. 목월 시 전체를 관류하여 온 지속적인 주제의 하나인 기독교적 세계관은 유고시집『크고 부드러운 손』에 집약되어 있는 바, 그가 시 예술을 통하여 도달한 마지막 종착점이 신을 통한 기독교적 구원의 세계가 바로 그것이었다.

목월의 동심에서 잠재 돼 있던 신앙이「어머니」시편들을 통해 심화 발전되는 양상을 보인다는 점이다. 목월의 향수적 근원지인 어머니는 동심의 회귀처이자 목월을 신으로 귀의시킨 신앙의 모태이며, 신의 표상으로 나타나

어머니를 대상으로 삼으며 신의 모습을 어머니에서 발견하고 있다.

목월시가 동시에서 부터 전반적으로 소박하고 건강한

시 정신을 견지하면서, 끝까지 부드러움을 잃지 않았던 것은 그 바탕에 동심과 모성이 맞닿아 있는 기독교적 세계관이 깔려 있었기 때문이 아닌가 한다. 아무튼 지극히 한국적인 서정를 기반으로 기독교적 신앙시를 다수 발표한 목월의 시는 한국 시단에 필요한 재산이라 할 것이다.

3. 이산離散문학과 시쓰기

사람들은 누구나 고향을 기억의 깊은 밑바닥에 자기만의 근원으로 갖고 산다. 그 고향은 깊숙한 모성의 자리로서 추억과 꿈을 한데 통합하고 엮어내는 데 큰 힘이 된다. 이는 인간의 삶에 있어서 육체이자 영혼이며, 인간존재 시원의 상징으로 기능한다. 우리들이 태어난 집을 꿈꿀 때, 우리들은 그 원초적인 따스함의 '보금자리'같은 안정된 충족감을 느끼게 된다. 그것은 오랫동안 상실될 수 없는 추억이자 공간의 기억이며, 실제는 회귀할 수 없는 공간이지만 일생을 통해 확대되고 축소되어 환기되며, 마음의 위안처로서 생의 원동력이 되기도 한다. 사실 고향이 내포하고 있는 것은 삶의 장으로서 조화된 공간이다. 이 공간은 선조들에 대한 회상으로 깊이를 얻고, 미래에 대한 그리움과 계획에 의하여 원근遠近의 지평들이 생긴다. 또한 아름다운 공간으로 우리의 의식 속에 살아있어 우리를 추억과 회상의 세계로 인도한다. 그런 의미에서 고향은 "행복의 원형"이 된다. 다른 한편 고향은 인간의 삶이 대지의 모태로부터 분리된 것을 말하고, 죽음은 '고향'으로 귀환하는 것을 말한다. 많은 사람들이 자기 고향에 묻히고자 소망하는 것은, 이러한 대지에 대한 그리고 자신의 고향으로 되돌아가고자 하는 회귀적인 세속의 형태이다. 그러한 '고향'이라는 말속에는 이미 '떠나온 자' 또는 '분리된 자'의 의미가 전제되어 있다. 고향은 멀거나 가까운 어떤 공간이 아니라, 이제는 도저히 가 닿을 수 없는 시간의 아득한 저편이다. 기억 속에 존재하는 사물이나 사람들에 대한 그리움은, 고향이 지니는 또 하나의 삶의 힘이다. 이와 같이 우리가 자라난 바탕이 존재하고 있는 고향은 그런 의미에서 성스런 삶의 풍경이며, 그 이미지는 자연스레 작가의 문학 세계에 이입移入되어 나타난다.

> 방울음산은 북으로 서 있다 그 등덜미 시퍼렇게 얼어 터졌을 것이다 그러나 겨우내 묵묵히 버티고 선 산 아버지, 엄동의 산협에 들어갔다 쩌렁쩌렁 참나무 장작 찍어 낸 아버지, 흰내 그 긴 물머리 몰고 온 것일까 첫 새벽 홰치는 소리 들었다 집 뒤 동구 둑길 위에 아버지 우뚝 서 있고 여명 속에서 그렇게 방울음산 꼭대기 솟아올라 아, 붉새 아래로 천천히 어둠 가라앉을 때 그러니까, 이제 막 커다랗게 날개 접어 내리며 수탉, 마당으로 내려서고 봄, 연두들녘 물안개 벗으며 눕다
>
> — **문인수, 「홰치는 산」 전문**

"홰치는 산"이란 "엄동에 산협에 들어"가 "쩌렁쩌렁 참나무 장작을 찍어낸 아버지"의 궁핍한 삶은 시인의 가장 기억에 남는 광경이다. 또한 그 기억은 아버지와 공유하는 기억이며, 시인의 기억으로서도 중요한 시적 자원이 된다. 특히 그가 말하는 고향은 공간뿐만 아니라 시간적 표상으로도 나타나, 기억 속에 존재하는 사물이나 사람들

에 대한 그리움의 힘(기억)이 시의 근간을 이룬다. 고향은 '시간이 공간화한 것'이다 이처럼 고향의 어원語源이 그의 중요한 시론의 단초가 되는 것을 발견할 수 있다. 이러한 고향과 아버지에 대한 근원적 기억을 기반으로 하면서, 가족을 비롯한 고향사람들의 파란만장한 이야기를 올올 풀어간다. 고향은 단순히 추억이 존재하는 한정된 의미의 공간이 아니다. 우리 모두의 가슴 속에 깊이 위치한 공간이요, 핏줄로 이어진 정서의 고향이다. 특히 유년 시절에 각인된 고향은 그 자체로 낙원이고 꿈의 공간이다. 고향은 현실과 꿈의 복합체로서 결코 풀어지지 않는 결정체이다. 그리고 우리는 고향을 통해 내밀함의 공간을 열고 일체의 합리성을 넘어서 꿈의 영역으로 진입하게 된다. 그러나 이제 이러한 공간은 더 이상 존재하지 않는다. 하이데거가 일찍이 지적했듯이 오늘의 시대는 인간이 마음 놓고 발붙일 고향이 없는 고향상실의 시대이다. 그리고 하이데거에게 고향은 문명에 대칭되는 개념이다. 그러나 이 내밀한 자기만의 공간이 파괴되고 상실되는 현대인들에게 고향상실의 시대는 오고 있다. 특히, 가혹한 식민지

근대화와, 해방이후의 급속하고 폭력적인 산업화와 도시화로 수많은 사람들이 고향을 떠나는 한국적 상황에서 향수는 특정인의 것이 아니라, 모든 사람이 공유한 것이라고 볼 수 있다. 이 산업화로 인한 고향상실의 현실은 누구에게나 어김없이 적용되었다. 분단에 의한 아버지의 고향상실에 이어, 산업화로 인한 나의 고향상실은 직접적이고 처절한 삶의 문제였다. 숭고한 각 개인의 내면적인 세계가 너무나 쉽게 파괴돼 버렸다. 고향은 있으나 따스함이 사라져버린 기억 속에만 존재하는 유토피아처럼, 고향은 이미 멀리 떠나가 있다. 이미 찾을 수 없는 고향, 미래에는 더 더욱 찾기 어려울지도 모를 휴식처를 잃은 현대인들은 불행한 사람들이다. 그 고향상실로 인해 고통 받는 모습은 강점기의 시들에서도 많이 보인다. 일제 강점기가 지속되던 1930년대 들어서 백석, 오장환, 이용악 등 시인들은 고향에 대해 주된 관심을 갖게 된다. 식민지시대에 고향이 갖고 있는 의미는 각자 조금 씩 다른 의미로 이해되는 것이어서, 고향상실을 국권상실이나 식민 조국에서의 탈주 또는 향수 등의 의미로도 해석되었다. 그중

백석은 ”미래에 도래할 유토피아를 믿을 수 없었고, 역사의 수레바퀴에 뛰어들 용기도 없었다. 따라서 그에게 있어 고향상실은 운명적인 것.”으로 인식한다. 또한 오장환은 “고향을 스스로 박차고 떠나며 신뢰할 만한 현실을 찾아 그 현실을 바탕으로 미래를 향한 전망을 마련하는” 적극적인 행동을 보여주고 있다. 이러한 적극적인 행동이 후일에 정치에 몸담는 계기가 되었는지도 모른다. 근대에 들어서면서 우리는 외부의 커다란 충격에 의해서 일상생활은 물론이고 문학에서도 많은 변화가 있었다. 그 과정을 살펴보면 일제 강점기를 거쳐서 해방과 분단, 그리고 전쟁과 산업화로 이어지는 일련의 과정에서 갈등과 결핍은 존재할 수밖에 없었다. 이 갈등의 상태가 짙을수록 기억의 강도는 더욱 강렬하게 화자에게 다가온다. 그것은 그 시대와 상황에 따라 떠나온 고향, 과거의 공간, 묻히는 공간일 수 있지만, 지나간 과거라고 해서 현재와 전혀 무관하지 않다. 이러한 고향의 공간과 기억이 현대의 삶과 동일선상에 놓여있기 때문이다. 1930년대의 고향을 둘러 싼 시적 주제는 식민지 시대의 상황에 따른 각종 불합리한 지배 억압을 해소, 극복하는 차원이었다. 그러나 70년대의 주된 시적 주제는 산업화로 인한 각 계층 간의 갈등으로 바뀌었을 뿐, 고향상실에 따른 문제의 원초적인 형태에는 변함이 없었다. 시인은 현재의 삶을 진솔하게 살아가며, 그 시대에 나타나는 여러 가지 삶의 모습을 시에 담아 세상을 변화시키는 내적혁명에 적극적으로 참여한다. 그것에 시쓰기의 의미가 있다고 본다. 우리 현대에도 고향상실은 불가피한 일이었다. 현대인에게서 고향은 상실하고 유랑하는 존재가 되었다. 50년대에는 전쟁으로 시작하여 수많은 유이민들이 생존을 위해 남쪽으로 때론 북쪽으로 몰려다녔다. 또한 60년대에는 산업화에 따른 인력의 확충으로, 도시로 몰려드는 이향이 지속되었다. 그리고 70년대에 들어서면서 중화학 공업단지들이 생겨나고 주요 도시로 인구의 유입이 급작스레 일어나는 이향離鄕이 이루어진다.

우선 50년대는 6 · 25동란으로부터 시작된 다사다난한 연대였다. 이데올로기를 전면에 내세운 6 · 25동란은 민족상잔이라는 비극을 낳았으며, 이로 인해 우리들의 마음

속에 남아 있던 민족공동체적 이상이 여지없이 해체되었다. 수백만 명이 희생되었고, 민족의 대이동 과정에서 일천만 명 이상이 고향을 떠나는 이산가족이 생겼지만, 이제 엄청난 분단의 벽을 현실적으로 인정하고, 이를 받아들일 수밖에 없게 되었다.

그렇다면 1960년대 시에서는 어떠한 고향상실의 경우가 있을까 6 · 25의 비극적 체험을 겪고 난 뒤, 폐허된 국토의 복원과 더불어 정치적인 안정이 필요하였으나, 결국은 4 · 19의거와 5 · 16 군사혁명을 거치며 산업화로 들어서게 된다. 산업화에 필요한 부족 인력으로는 농어촌을 뒤로하고 도시로 이향이 시작되는 시기가 60년대이다. 곳곳에 정부 주도로 경공업 단지가 세워지기도 하고, 필요에 따라 작은 공장들이 도시 근교에 밀집하게 된다. 이런 곳에는 단순노동을 필요하여 무작정 상경을 한 이들의 궁핍한 생활의 터전이 되었다.

어쩌자는 말도 없이 내 떠나갔다
부두에선 밤을 새우고, 일을 찾아

다른 데를 기웃거리고, 정신없이
정신도 없이 더 슬픈 곳을 돌아다녔다
그러나 아직도 사랑은 남아 있다
아직도 내 살에 스며 있는 그대
더욱 많이 다가오는 그대
그리고 다시 돌아왔다
거리는 다름없고 우는 저녁도 한결같다
두루 찾았더니, 그대 있던 자리
그런데 보이지 않네 보이지를 않네
파고드는 노래의 빛깔 달라지고
숨 쉴 산소마저 없고,
그러나 아직도 사랑은 남아 있다
아직도 내 살에 스며 있는 그대
더욱 많이 다가오는 그대
— 이성부, 「전라도 6」 부분

이성부의 「전라도 6」은 무작정 도시로 상경한 이향인의 정착하지 못하고 헤매는 실업자의 현실을 나타내고 있다. “두 해가” 지나도록 할 일이 없이 “무한한 자유”가 침묵하는 “잠”만 자고 있는 안타까운 현실의 고향상실이다. 60년대의 이향離鄕이 누구에게나 쉽게 성공할 수 있는 사항이 아니었다. 일단 상경은 했지만, 누구든지 쉽게 정착할 수 있는 여건이 되지 못하였다. 또 다시 도시 빈민이 되어 궁핍한 생활이 그들을 좌절케도 했고, 더 커지는 빈부격차나 열악한 노동 여건등이 사회적인 문제로 대두되기도 하였다. 이때 우리 사회는 산업사회의 형태를 띠게 되면서, 그에 따른 지식산업의 확대를 가져왔고, 70년 후반쯤엔 도. 농간에도 다소나마 생활의 격차가 줄어들면서, 실질적인 의미에서 이향이라는 것도 점차 벗어나는 시점이 되었다.

산그늘 내린 밭귀퉁이에서 할머니와 참깨를 턴다.
보아하니 할머니는 슬슬 막대기질을 하지만
어두워지기 전에 집으로 돌아가고 싶은 젊은 나는
한번을 내리치는 데도 힘을 더한다.
세상사에는 흔히 맛보기가 어려운 쾌감이

참깨를 털어내는 일엔 희한하게 있는 것 같다.
한번을 내리쳐도 셀 수 없이
쇄아쇄아 쏟아지는 무수한 흰 알맹이들
도시에서 십년을 가차이 살아본 나로선
기가막히게 신나는 일인지라
휘파람을 불어가며 몇 다발이고 연이어 털어댄다.
사람도 아무 곳에나 한번만 기분좋게 내리치면
참깨처럼 쇄아쇄아 쏟아지는 것들이
얼마든지 있을 거라고 생각하며 정신없이 털다가
〈아가, 모가지까지 털어져선 안되느니라〉
할머니의 가엾어하는 꾸중을 듣기도 했다.

— 김준태, 「참깨를 털면서」 전문

도시 산업화에 따라 도시로 나갔던 화자가 고향에 돌아와 참깨를 터는 광경을 묘사하고 있는 화자話者는 참깨 모가지가 떨어지는 것도 모른 채, 신나게 깨를 털고 있는 광경이다. 기계는 이향離鄕인들에게 안정적인 생활은 보장했지만 소박한 인간성까지 기계 안으로 넣어버려 고향상실에 따른 반대 현상으로 인간성회복에 나서는 시점이라고 생각한다. 그래서 추석 귀향 열차는 초만원을 이뤘고, 고향으로 되돌아가는 회귀의 시대가 되었다. 이제는 남북으로 흩어진 이산가족들이 세상을 많이 떠났지만, 한국전쟁으로 인해 이산이 된 부모들과 함께 사는 세대는 아직도 너무나 많다. 아직도 이산가족인 세대와 살면서, 특별한 경우의 '고향상실'로 인해 타향에서 겪는 많은 상처를 보아 왔다. 민족적이고 집단적인 불행한 사건이 변질되어, 어느 한 개인에게는 심각한 문제가 되고 상처를 주는 일이 발생 되었던 것이다. 고향을 생각하면 이 아픈 기억이 항상 어디든 따라온다. 기억이 오면 상처가 오고, 상처가 오면 고통이 온다. 이 고통은 쉽게 치유할 수 없다. 이 아픔의 치유 방법이 '시쓰기'가 될 수 있을 것이다. 결국, 시쓰기는 도피처이자 구원이며, 시를 쓴다는 그 과정 자체가 구원이고, 어쩌면 이 세상에 시詩가 있다는 사실 자체가 구원이며 해방일 수 있다고 생각한다. 즉 나의 시들은 주로 고향의 기억들로부터 자유롭지 못하다. 알게 모르게 고향에 기대어 있으며, 그걸 통해 나름대로의 진실을 추구하는 씨줄과 날줄이 되었다. 누구나 한번쯤은 기억의 밑바닥에 대해 자기만이 갖고 있는 체험적인 뿌리를 간직하고, 그 기억에 대해 탕감이 시작되면서, 그때까지의 어쩔 수 없는 개인적 문학적 유산에서 조금씩 변화하면서 벗어나기 시작한다.

산끝에서 해까지 얼마나 먼가
거긴 네가 사는 곳
그 걸리는 내 그리움의 길이
그리움 끝에 산 끝에 밤엔 별도 뜨고
별 너머 스티븐 호킹의 검은 구멍과 아기우주가 있고 그 너머 붙박이 채송화 같은 네가 사는 곳
아스라한 그 거리는 내 그리움의 길이
끝끝내 돌아갈 우주 내 고향

— **김지하, 「내 고향」 전문**

김지하는 시에서 아주 구체적으로 우주는 “내 고향”이라고 말한다. 이때 고향은 돌아 갈 곳이며 모천이자 회

귀이다. 그는 지구에서 태양까지 더 나아가 은하계의 블랙홀과 아기 우주까지 계산할 수 없는 거리를 '그리움의 거리' 로 느낀다. 김지하의 우주적이고 초월적인 사유 세계를 경험하면서, 그가 말하는 "끝끝내 돌아갈" 저 편의 "아스라한 그 거리"와 "내 그리움의 길이"는 얼마나 될까 하고 생각해 본다. 고향은 '시간이 공간화한 것'이다. 고향도 마음의 위안처이자 생의 원동력이다. 따라서, 이런 의미로 고향은 '행복의 원형'이 된다. 그러나 시대 변모에 따라 이렇게 아늑한 공간이 사라지는 고향의 상실시대가 오고 있다. 국권 상실이나 분단 또는 도시 산업화로 인해 고향은 점점 상실되고 있다.

그들이 곧 나의 삶이며 진정한 시쓰기의 참 모습이라 생각한다. 그리하여 궁극적으로는 김지하의 시적 담론처럼 넓은 우주적 시각과, 이성을 넘어선 초월적인 '명상의 눈'으로 세상을 투시할 수 있도록 노력할 것이다. 신동엽 역시 자신의 인생 설계에 대해 결코 '서둘고 싶지 않다'고 했다. "내 일생을 시로 장식 해봤으면,/ 내 일생을 사랑으로 채워 봤으면,/ 내 일생을 혁명으로 불질러 봤으면,/

그렇다고 서둘고 싶진 않다."고 한 것처럼, 이것도 나의 시를 향한 숙명이라면 세속적인 시간에 연연하지 않고, 담담하게 순응하며 받아들이겠다. 또한 이 세상에 시詩가 있다는 사실 자체가 구원이라 생각할 것이다.

4. 나를 찾아서

— 4 · 13일 동강에 가다

4월13일-

하필 이날에 동강을 가는가

4 · 13은 호헌護憲 선언한 날이고

4 · 13은 제주도의 뼈아픈 날이고

또한, 4 · 13 그 날은

사랑하는 그 사람을 만난 날이고

4 · 13일은 그런 날인데……

하필 그런 4월13일에
영월 동강에 처음 간다.
동강에 무엇이 있는지도 모르고, 그냥 동강엘 갔다.
여럿이 엉겁결에 정선에 도착하니

푸르른 산하
굽이쳐 흐르는 맑은 동강 줄기
그곳에 피어난 할미꽃들은
죽음보다도 찬란했다.

그날 사진들은 눈부터 모두 검다.
몹시도 아프던 시절이었다.
친구들이 그런 나를 마지막으로 위로하기 위해 데리고 간 것인데……

처음 가본 영월 동강 할미꽃이 어찌 그리 눈이 시리도록 부시게 아름다웠을까

남은 시간의 안타까움처럼, 할미꽃의 찬란한 색깔은 피 묻은 장미처럼 –

그리고, 검은 사진만 남았다.

그리고 살아남아

그 때 사진을 보면 다시 피는 봄꽃처럼

또, 아프다.

그 때 처음 본 할미꽃은 어찌 그리도 예쁘게 피었는지.

세상은 모두 아름다웠으나, 나는 죽음과 외롭게 투쟁하고 있었다.

사진엔 웃고 있으나, 속은 썩어 쿨렁거리며 복수腹水가 차고 있었다.

점점 죽음의 강물로 달려가던 동강東江.

그 동강의 시원始原 아우라지의 여량餘糧
생명수의 시원이 그렇고, 뗏목이 그러하다.
굽이쳐 흘러내려 다다라, 한양을 살리는 생명수
그 시원始原에서 명命이 흔들리고 있었으니

그래서 혼자 생각해보는 엇갈리는 역사를
국가도 개인도 위태로운 중병처럼 흔들리는 4.13의 기억들
어쩌다 내게는 죽어도 좋을 사람을 만났던 기억만이 남을 뿐 -
그 소중한 기억들 -

마지막 같은 동강 여행도 지금 다시 보니
꽃과 사진들이 문둥이처럼 예쁘다.
죽음처럼 화사한 할미꽃들

어쩌면

내가 저 건너로 갔다면

지금쯤 시차로 지난 후일에

이 사진을 모두 보며, 사람들은 꽃만 예쁘다고 말할 거다.

꽃만…………

'그는 가고 없는데'…라고 말이다.

함동수

강원도 홍천에서 태어났고, 1980년부터 습작하는 과정을 거치며, 2000년부터 문단에 글을 발표하기 시작했다.『문학의식』으로 등단했고, 시집으로는『하루 사는 법』과『은이골에 숨다』등이 있으며, 적구赤駒 유완희 시인의 연구서『송은 유완희의 문학세계』등 연구서를 출간한 바가 있다.『용인 600년 기념문집』발행자이며, 한신대학원에서 문학을 공부했고, 경기문학상과 경기예술대상을 수상했다.

greendongsoo@hanmail.net

지혜사랑 산문선

꿈꾸는 시인

발 행 2017년 9월 25일
지 은 이 함동수
펴 낸 이 반송림
편집디자인 김지호
펴 낸 곳 도서출판 지혜
계간시전문지 애지
기획위원 반경환 이형권 황정산
주 소 34624 대전광역시 동구 선화로 203-1, 2층 도서출판 지혜 (삼성동)
전 화 042-625-1140
팩 스 042-627-1140

전자우편 ejisarang@hanmail.net
애지카페 cafe.daum.net/ejiliterature

ISBN : 979-11-5728-252-4 03810
값 12,000원

* 이 책은 용인문화재단의 문예진흥기금을 지원받아 발간되었습니다.